Doris Boser

Probier`s mal ... ohne Windel

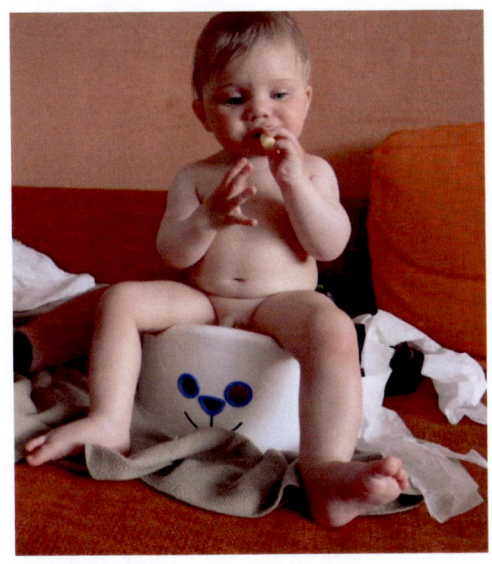

DAS MODERNE PRAXISBUCH
ZUR SCHRITTWEISEN WINDELFREIHEIT

NOEL-Verlag

Originalausgabe
August 2015

NOEL-VERLAG
Hans-Stephan Link
Achstraße 28
D-82386 Oberhausen/Oberbayern

www.noel-verlag.de
info@noel-verlag.de

Die Deutsche Bibliothek verzeichnet diese Publikation in der Deutschen Nationalbibliografie, Frankfurt; ebenso in der Bayerischen Staatsbibliothek in München.
Das Werk einschließlich aller Abbildungen ist urheberrechtlich geschützt. Jede Verwertung außerhalb der Grenzen des Urheberrechtschutzgesetzes ist ohne Zustimmung des Verlages und der Autorin unzulässig und strafbar.
Das gilt besonders für Vervielfältigungen, Übersetzungen, Mikroverfilmungen und die Einspeicherung und Bearbeitung in elektronischen Systemen.

Die Autorin übernimmt die Verantwortung für den Inhalt des Werkes. Sie besitzt, nach Absprache mit den genannten Personen, das Recht, deren Namen zu nennen und deren Fotos zu verwenden.

Autorin: Doris Boser
Buchumschlaggestaltung: Gabriele Benz

1. Auflage
Printed in Germany
ISBN 978-3-95493-073-9

Vorwort

Vor fünfzehn Jahren wurde mein Baby in einem Tragetuch kritisch, im besten Falle skeptisch, betrachtet. Der Entschluss mit Stoff zu wickeln galt als ein Schritt zurück. Keine fertige Babykost zu kaufen hat uns abgestempelt: „Die sind anders. Das sind die Künstler." Als ich allerdings im Dorf erwähnt hatte, dass mein Baby zu dem Ganzen auch noch gar keine Windel an hat, haben die Nachbarn aufgegeben. Für uns gab es keine Hoffnung mehr.

Die Zeiten, in denen andere Praktiken der Babypflege als etwas für Ökos galten, sind zum Glück vorbei. Tragen verstärkt das Bonding. Die emotionale Bindung zwischen Mutter und Baby wird heutzutage als ein wichtiger Faktor für die gesunde Entwicklung des Kindes betrachtet. Es gibt unglaubliche Auswahl an schicken, modernen Stoffwindeln und ökologischen Einwegwindeln.

Und Windelfrei hat das bis in die New York Times geschafft. Und in die Washington Post. Und in die Süddeutsche. Seit 2013 findet jedes Jahr eine Internationale Windelfrei-Woche statt, die Eltern ermutigen will, sich diese Thematik näher anzuschauen.

Es gibt nach wie vor unglaublich viele Kritiker, die aufgrund von Vorurteilen, veraltetem Wissen oder eigenen Problemen „Windelfrei" als eklig und schmutzig abtun. Die Mehrzahl der Kinderärzte, die noch nie ein windelfreies Baby gesehen haben, sagt Ihnen, dass es nicht funktionieren kann. Skeptiker raten am besten, keine Kinder zu haben, denn das ist am Ökologischsten.

Was sie alle nicht wissen, können nur Eltern, die Windelfreiheit erlebt haben, beschreiben: Wie angenehm ausgeglichen und entspannt das Baby ist, nachdem es sich erleichtert hatte. Wie glücklich und stolz, dass es verstanden wird und Hilfe bekommt, obwohl es von den Erwachsenen so abhängig ist. Wie offen und selbstbewusst es aufwächst. Wie natürlich sein Zugang zum eigenen Körper ist.

Ich kann es bestätigen, denn meine windelfreien Babys sind schon in der Pubertät. Gisele Bündchen und Mayim Bialik können es bestätigen, denn sie haben sich auch für die natürliche Babyhygiene entschieden. Nicht weil es ein Trend ist, nicht weil es öko ist, nicht weil es Geld spart. Sie haben sich dafür entschieden, weil es sich so gut anfühlt. Unbeschreiblich gut.

Doris Boser weiß es auch. Sie kennt den Unterschied zwischen ganz normalem Wickeln und Windelfrei. Und trotzdem ist ihr Buch keine schrille Propaganda. Nein. Mit sehr viel Liebe und Verständnis präsentiert sie uns Fakten der Windelthematik, bietet uns viele Möglichkeiten und praktische Anleitungen und ermutigt uns, unseren eigenen Weg zu suchen.

„Bei der natürlichen Babypflege geht es um viel mehr als um die Ausscheidung", schreibt sie. Und sie hat Recht. Wenn wir die Beziehung zu unserem Baby auf Würde aufbauen, können wir die Welt zu einem besseren Ort machen.

Viel Spaß beim Lesen und Ausprobieren!

Barbora Berlinger – Windelfrei-Coach

Inhaltsverzeichnis

- 9 **EINLEITUNG**
- 9 Was heißt windelfreie Babypflege?
- 11 Der Anfang
- 11 Wie ich zur windelfreien Babypflege kam oder von Wegwerfwindeln zu Windelfrei
- 12 Unsere ersten Versuche
- 13 Warum trägt mein Kind eigentlich Windeln?
- 13 Ein Blick zurück
- 17 Welche Vorteile hat die windellose Babypflege?
- 20 Das Baby in der windelfreien Babypflege
- 26 Die Eltern in der windelfreien Babypflege
- 29 Was bedeutet es, ein Kind windelfrei zu pflegen?
- 40 Einstimmung auf die Windelfreiheit
- 41 Wie handhaben andere Völker und Kulturen das Sauberwerden?
- 43 Welche landesspezifische Formen der Babypflege gibt es und wie verändern sich diese?
- 48 Standpunkte über die Babypflege in den Berufsgruppen

- 49 **DIE AUSSCHEIDUNG**
- 49 Die Ausscheidungsorgane
- 51 Die Ausscheidungsprodukte
- 53 Häufigkeit der Ausscheidung

- 55 **DIE WINDEL**
- 55 Stoffwindeln
- 58 Einmalwindeln
- 60 Stoffwindel, Einmalwindel oder doch ohne?
- 61 Vorurteile gegenüber der windelfreien Vorgehensweise

- 63 **WINDELFREIHEIT IM EINSATZ**
- 63 Wie funktioniert die natürliche windelfreie Babypflege?
- 64 Wann ist der richtige Zeitpunkt zum Beginnen?
- 68 Wie merke ich, dass mein Kind ausscheiden muss?
- 69 Gefühl, Signale, Rhythmus und Regelmäßigkeit
- 76 Welche Hilfsmittel eigenen sich? Welches Töpfchen, Schüsseln oder Toilettenaufsatz passt?
- 81 Welche Einlagen erleichtern die Windellosigkeit?
- 84 Welche Windeln, Windelersatzprodukte und Hilfsmittel sind geeignet für die Lernphase?
- 85 Die Qual der Wahl

85	Welches Hilfsmittel passt für mich?
85	Arten der Hilfsmittel
92	Welche Kleidung eignet sich gut bei der natürlichen Babypflege?
99	Wie setze ich die Windelfreie Babypflege um?
99	Wie fange ich am besten an?
99	Abhalten nach der Uhrzeit
101	Ausscheidungsgewohnheiten in Abhängigkeit vom Alter des Kindes
109	Muss mein Kind vollkommen ohne Windeln aufwachsen?
111	Kann ich die Windel nur zuhause weglassen oder auch unterwegs?
114	Windelfreiheit abhängig von der Jahreszeit
115	Es kommt auch mal anders
121	**WIE FUNKTIONIERT DAS AUSSCHEIDEN IN DER NACHT?**
123	Welche Vorteile hat eine windelfreie Nacht?
125	Vorgehensweisen in der Nacht
133	Wenn einer „Nein" sagt
133	Wenn die Windelfreiheit nicht funktioniert?
138	Von der Unselbstständigkeit zur Eigenverantwortung
140	**HALTETECHNIKEN**
140	Körperhaltung von Mutter/Vater und Kind
140	Ausscheiden während des Trinkens
141	Ausscheiden auf einem Töpfchen
144	Abhalten über dem Waschbecken
145	Kind wird über der Toilette abgehalten
146	Kind sitzt auf den Füßen der Mutter/des Vaters
147	Abhalten in der Natur
148	Im Stehen Ausscheiden
149	**PANNEN**
149	Entwicklungsschritte - Wie verhalte ich mich bei Pannen?
153	**VOR- UND NACHTEILE DER EINZELNEN METHODEN IM ÜBERBLICK**
153	Stoffwindeln
153	Einmalwindeln
154	Windelfrei
155	**DANKSAGUNG**
156	**WEITERE INFORMATIONEN**
157	**LITERATURVERZEICHNIS**

Amelie, drei Jahre, unterstützt ihre kleine Schwester Mara, 5 Monate, indem sie sie auf dem Töpfchen stabilisiert und die Signaltöne zum besseren Loslassen nennt.

EINLEITUNG
Was heißt windelfreie Babypflege?

In meinem Buch möchte ich Ihnen aufzeigen, wie ein Baby auch ohne Windeln aufwachsen kann. Sie erfahren, wie Sie sich liebevoll mit Ihrem Baby austauschen und mit ihm kommunizieren können – noch lange bevor die verbale Sprache erlernt wird. Ihr Baby gibt Ihnen vom ersten Lebenstag an Zeichen, wenn es ausscheiden muss und hier lernen Sie die Ausscheidungssignale Ihres Babys zu verstehen und zu deuten. Bei dieser Methode kommt viel Liebe und Zuneigung zum Einsatz – denn der Denkansatz der windelfreien Babypflege beinhaltet mehr als das reine Sauberwerden – er schließt viele weitere Aspekte mit ein. Stillen, enger Körperkontakt mit dem Kind durch Tragetuch oder Babytrage, gemeinsames Schlafen in einem Bett oder in unmittelbarer Nähe, aber auch ein liebevolles Zugewandtsein und Eingehen auf die Bedürfnisse sind die Eckpfeiler der natürlichen Babypflege. Instinktiv handeln viele Mütter und Väter schon längst nach dieser liebevollen und zugewandten Art, beachten dabei alle Bedürfnisse des eigenen Kindes – die Ausscheidung wird jedoch dabei in den Hintergrund gestellt oder erst beachtet, wenn die Windel bereits voll ist.

Das Ziel der natürlichen windelfreien Babypflege ist nicht das Baby schneller sauber zu bekommen. Das geschieht meist ganz nebenbei. Sie will die ganz individuellen, instinktiven Bedürfnisse eines Kindes erkannt und respektiert wissen. Ein anfängliches Beobachten des Babys fördert die Fähigkeit seine Belange zu erkennen. Windelfrei heißt nicht, das Kind ständig beobachten zu müssen, um ja keine Ausscheidung zu verpassen. Durch Intuition, Signalverstehen und Beachten von Zeitintervallen erlernen Sie die Bedürfnisse auch ohne großes Beobachten zu verstehen. So können Sie rasch die Mimik deuten und wissen vorher, wann Ihr Kind ausscheiden muss. Ein schnelles Abhalten bzw. Absetzen über der Toilette oder dem Töpfchen bietet dem Kind die nötige Achtung, dass die Bedürfnisse angenommen werden und ein anstehendes Wickeln und umfassendes Reinigen des Genitalbereichs fallen weg. Bei der windelfreien Methode handelt es sich um eine sehr alte und gut erprobte Anwendung der Babyversorgung, die viele Generationen auf der ganzen Welt mit ihren Kindern durchlebten. Es überraschte mich sehr, wie es dazu kam, dass in nur wenigen Generationen dieses Wissen und die damit einhergehenden Fertigkeiten durch die Verbreitung von Stoff- und Einmalwindeln verloren gegangen sind. Dieses geschätzte Wissen wird heute noch in einigen Teilen der Erde angewandt. Durch die zunehmende Globalisierung und der damit verbundenen Angleichungstendenz geraten jedoch viele alte Bräuche und Vorgehensweisen einzelner Kulturen in Vergessenheit. Ich fand die bewusste, kindzentrierte Handlungsweise so faszinierend, dass ich es unbedingt selbst testen wollte.

Dieses Buch gliedert sich in mehrere Abschnitte. Sie erfahren die theoretischen Hintergründe der natürlichen Babypflege, aber vor allem bietet Ihnen dieses Buch wichtige Handlungsbeispiele mit praktischen Anwendungen aus dem Alltag und hilfreiche Tipps für die tägliche und nächtliche Umsetzung. Die im Text vorhandenen Hinweise und Vorgehensweisen zeigen Ihnen einen Weg auf, der auch für Sie passend sein kann. Gleichzeitig ermutige ich Sie, Ihre ganz individuelle Reise anzutreten und mit offenem Herzen und Kreativität die Babypflege anzuwenden. Passen Sie die windellose Babypflege an Ihre Lebensumstände an und lassen Sie sich verzaubern und inspirieren von diesem neuen und wiederentdeckten alten Wissen.

Mit diesem Wissen erhalten Sie die Möglichkeit sich selbst zu vertrauen und die Natürlichkeit des Menschen in vollem Umfang anzunehmen. Im Laufe der Wochen wird sich zwischen Ihnen und Ihrem Kind eine Bindung entwickeln, deren Innigkeit nicht nur spürbar ist, sondern Sie überraschen wird. Zweifel, Ängste, Pannen und vielleicht auch hin und wieder Enttäuschungen neues, unsicheres Terrain zu betreten, überwinden Sie durch Mut, Optimismus und Selbstvertrauen. Die größte Herausforderung bei dieser Vorgehensweise ist es, sich von bisherigen Denkansätzen und Überzeugungen frei zu machen und sich bewusst auf eine jahrhundertealte, aber in der westlichen Welt vergessene Methode, einzulassen.

Die Freude, die ich bei unseren Kindern mit der windelfreien Methode erlebte, motivierte mich, die scheinbar in Vergessenheit geratene Vorgehensweise, zu verbreiten. Ich tauschte mich mit erfahrenen Hebammen aus, nahm Kontakt zu Eltern auf, um deren Erfahrungsberichte über die natürliche Babypflege zu erlangen, und hielt viele Vorträge über die angeborenen Kompetenzen der Babys. Auch versuchte ich mein eigenes Wissen als Mutter mit meinen Erlebnissen in den Vorträgen zu verknüpfen.
Im Laufe der Monate entwickelte sich immer mehr der Wunsch, diesen Erfahrungsschatz mit vielen anderen Eltern zu teilen. Nachdem ich beide Methoden – mit und ohne Windeln – selbst erlebt habe, weiß ich um die Genialität der Windelfreiheit und freue mich, dass dieses Buch mit Hilfe vieler Erfahrungsberichte von Eltern entstanden ist.
Die Tipps, Vorgehensweisen und Anhaltspunkte können Ihnen als Leitfaden dienen. Möglicherweise stellen sich die Abläufe mit Ihrem Kind aber auch ganz anders dar. Vielleicht entwickeln Sie Ihre ganz eigene Art auf einer Ebene zu kommunizieren und so die Windelfreiheit ideal auf Ihre Bedürfnisse abgestimmt durchzuführen. Methoden, die bei unserer Tochter reibungslos klappten und regelmäßig durchzuführen waren, funktionierten bei unserem Sohn nicht. In anderen Situationen war es genau umgekehrt.

Lesen Sie das Buch und diskutieren Sie mit anderen Müttern und Vätern. Entdecken Sie die Physiologie des Kindes und erleben Sie Ihr Kind selbst – unabhängig von vorgefertigten Meinungen. Ich freue mich auf Ihr Feedback.

Der Anfang

Wie ich zur windelfreien Babypflege kam
oder von Wegwerfwindeln zu Windelfrei

Unsere große Tochter wurde mit klassischen Wegwerfwindeln gewickelt. Wir genossen die Praktikabilität der Windeln und erkannten aber schon sehr früh, dass trotz guter Saugleistung der Intimbereich immer etwas feucht war. So wickelten wir sehr häufig, sobald wir feststellten, dass unsere Tochter ausgeschieden hatte, was bei geschlossener Windel und Strampler nicht immer einfach zu erkennen war. Noch dazu kam, dass gerade kleine Babys recht häufig ausscheiden. Auch mit dem Töpfchentraining begannen wir zeitig, sodass sie mit zwei Jahren komplett sauber war. Was sich heute als sehr spät anfühlt, war damals im Vergleich zu herkömmlicher Wickelzeit sehr rasch. Viele Freunde und Bekannte mit kleinen Kindern begannen oft Monate bis zu einem Jahr später mit dem Sauberkeitstraining. Schon damals genoss ich es, wie einfach es sich anfühlt mit dem Kind auf die Toilette zu gehen und es bei Bedarf abzuhalten. Keine Ersatzwindeln, keine Feuchttücher, keine Waschutensilien, lediglich Ersatzkleidung hatten wir in der Übergangszeit dabei. Unsere Tochter äußerte sich meist sehr zeitnah zum Harndrang mit der Folge, dass wir uns beeilen mussten. In Summe waren die Pannen nach dem Erreichen der Sauberkeit auf ein Minimum reduziert. Nächtliche Pannen hatten wir anschließend nur sehr selten.

Die Idee, ein Kind ohne Windel groß zu ziehen, erschien mir damals fremd und gleichzeitig faszinierte mich diese Methode. Millionen Mütter auf der ganzen Welt praktizieren die windelfreie Babypflege seit Jahrhunderten und es funktioniert wunderbar – während wir Tonnen von Windelmüll, feuchte und wunde Babypopos, produzieren und zu guter Letzt ein anstrengendes und vor allem oft tränenreiches, stressgeladenes Sauberkeitstraining durchführen. All dies fällt weg. Und gerade diese Einfachheit und Natürlichkeit zog mich an.

Mir fiel – wahrscheinlich nicht durch Zufall – ein paar Monate vor der Geburt unseres zweiten Kindes, eine Broschüre über die windelfreie, liebevolle Babypflege in die Hände. Die Idee dieser Natürlichkeit begeisterte uns sehr und so beschlossen mein Mann und ich dies auszuprobieren. Um die Windelfreiheit besser kennenzulernen, begaben wir uns auf Informationssuche und es erstaunte uns, dass selbst in Fachkreisen die Windelfreiheit nur bedingt bekannt war. Nachdem ich in der zweiten Schwangerschaft mit dem Thema in Kontakt kam, wollte ich meine Wahrnehmung mehr auf die Ausscheidungsbedürfnisse konzentrieren. Überzeugt und gespannt wollte ich die Windelfreiheit einmal testen – mit der Option, dass es auch scheitern könnte. Ich habe meine Ideen mit meiner Familie besprochen und mein Mann war sofort fasziniert. Wie es funktioniert, konnte auch er sich nicht vorstellen, aber die Begeisterung von einer anderen Vorgehensweise beeindruckte ihn auch. So besorgten wir uns ein paar Utensilien, wie passendes Töpfchen, wasserdichte Einlagen, ein paar Ersatzstrumpfhosen zum Wechseln und Moltoneinlagen, und als unser Mädchen geboren war, ging es los.

Unsere ersten Versuche

Noch in den ersten Wochenbetttagen fragte ich meine erfahrene Hebamme, wie die windelfreie Methode denn nun in der Praxis funktioniere. Sie gab mir ein paar Tipps, wann und wie ich mit unserer Tochter am besten die bewusste und gezielte Ausscheidung erlernen kann und wir probierten es gleich aus. Säuglinge urinieren zu Beginn noch während des Stillens, was sich im Laufe der Wochen zeitlich nach hinten verschiebt. Also nahm ich einen Topf, öffnete die noch vorhandene Windel, setzte mein Kind darauf, gab den Signalton und begann es zu stillen. Nach etwa zwei Minuten nahm ich sie wieder vom Topf, da wir spürten, dass sie nicht urinieren wollte. Wir versuchten diese Methode noch ein paar Mal, wobei wir sie jeweils nur für kurze Augenblicke abhielten, um die innige Stillatmosphäre nicht unnötig zu stören. Auch den Signalton gaben wir ihr immer zum Einstimmen auf das Loslassen. Nach ein paar Fehlversuchen schied sie nun Urin aus und wir waren sehr erfreut, dass es funktionierte. Die weiteren Male erkannten wir, dass unsere Tochter die Art des Urinierens bewusster wahrnahm, denn immer öfter schied sie in das Töpfchen aus. Zu dem Augenblick war sie noch keine Woche alt und wir konnten ein erstes beabsichtigtes Loslassen erkennen. Es kann aber auch manchmal mehrere Tage oder Wochen dauern, bis sich Neugeborene und kleine Babys auf den Topf einstellen können. Erneute geduldige Versuche mit sich immer wiederkehrenden Abläufen können die Situation unterstützen.

Die gezielte Stuhlausscheidung dauerte ein paar Tage länger. Wir erkannten an ihrem Gesichtsausdruck, dass sich eine baldige Stuhlentleerung ankündigt. Wir entfernten die Windel abermals und gaben ihr den entsprechenden Signalton. Bald stellte sich auch hier der gewünschte Erfolg ein. Manche Mütter windelfreier Babys berichteten mir, dass zuerst die Stuhlausscheidung klappte, da es sich klarer ankündigte. Seien Sie geduldig in der gegenseitigen Lernphase, denn das Kind muss die Funktion der Schließmuskeln erst entdecken und bewusst steuern.

Unsere Tochter schied Urin und Stuhl immer getrennt voneinander aus. Wollte sie urinieren, dauerte es meist wenige Minuten, bis sich auch die Schließmuskeln des Darmes öffneten. Anders gestaltete es sich bei unserem Sohn. Er konnte schon nach kurzer Zeit beides gleichzeitig ausscheiden. Beobachten Sie Ihr Kind bezüglich seiner individuellen Ausscheidungsarten – Vergleiche helfen, sich zu orientieren, lassen Sie sich jedoch nicht entmutigen, wenn die Eigenheiten Ihres Kindes von den anderen abweichen.

Warum trägt mein Kind eigentlich Windeln?

Haben Sie sich jemals diese Frage gestellt? **Warum trägt mein Kind eigentlich Windeln?**
Nicht? Weil ein Baby IMMER Windeln trägt? Weil es seine Ausscheidungen noch gar nicht kontrollieren kann? Weil das Bewusstsein und Erinnerungen an ein Baby immer mit Windeln sind? Weil wir es nicht anders kennengelernt haben?
Rund um das Thema Kind gibt es unzählige Fragen und die dazugehörigen Ratgeber, die Eltern in ihren Entscheidungen über die ideale Babypflege und Kindererziehung unterstützen sollen. Sie helfen den Eltern, sich besser orientieren zu können. Welche Ernährung braucht mein Baby, welche Kleidung darf an seine zarte Haut, soll ich impfen, ja oder nein, wo soll mein Kind schlafen, welche Ausstattung brauche ich fürs Auto, für unterwegs? Es gibt kaum einen Bereich, der uns nicht vor zum Teil schwierige Entscheidungen stellt.
Ein Bereich dagegen scheint klar zu sein: **Das Baby trägt Windeln! Aber warum eigentlich?**

Ein Blick zurück

Der Umgang mit Babys und das Wissen darüber gilt seit jeher als Selbstverständlichkeit, so wurde es viele Jahrhunderte in der Literatur kaum erwähnt – man ging davon aus, dass die Mütter schon wüssten, wie ein Kind zu versorgen sei – inklusive des Sauberwerdens. So etablierten sich die verschiedensten Methoden und Vorgehensweisen, aber auch Vorurteile. Die Familiensituationen vor hundert Jahren unterschieden sich deutlich von den heutigen. Kinderreiche Familien, oft arme Verhältnisse sowie Gehorsam und Strenge in der Kindererziehung prägten das soziale Gefüge. In Europa wurden Babys viele Jahrhunderte lang mit Stoff gewickelt. Stoffwindeln hatten den Vorteil, dass sich die Eltern sehr früh bemühten, die Kinder sauber zu bekommen – um allein schon den Arbeitsaufwand zu reduzieren. Wechselkleidung gab es zudem nur in spärlicher Anzahl. Unterhosen wie wir sie kennen, gab es bis ins 19. Jahrhundert ebenso nicht. Ein schnelles Sauberwerden hatte damals in erster Linie also praktische Gründe und orientierte sich weniger an den natürlichen Fertigkeiten des Nachwuchses. Findige Hilfsmittel wie Spielstühle mit integrierter Schüssel wurden eingesetzt. Ab einem halben Jahr wurden die Kinder an den Topf herangeführt, mit dem Ziel, dass sie möglichst früh sauber wurden. Die Erfindung der Einmalwindel empfanden sehr viele Eltern als Erleichterung, da ein Waschen der Windeln durch einfaches Tauschen und Wegwerfen ersetzt werden konnte. Die Wäscheberge nahmen ab, die Müllberge wuchsen dagegen rasant an. Wegen der einfachen Handhabung und des Auslaufschutzes bemühten sich die Eltern immer später um die Sauberkeit der Kinder. Sie wickelten oft erst dann, wenn es wirklich nötig war. Bewegungseinschränkung, Hautirritationen und eine kaum mehr vorhandene Wahrnehmung der eigenen Ausscheidung und deren Wirkung sind die Folge. Die Windelphase verlängerte sich von anfangs eineinhalb bis zwei Jahre auf zunächst zweieinhalb bis drei Jahre. Heute sind viele Vier- und Fünfjährige noch nicht von der

Windel losgekommen. So findet man heute die unterschiedlichsten Windelprodukte für Neugeborene bis zu Schulkindern. Die Windelhöschen für 4-Jährige und noch ältere Kinder sind bunt verpackt, werden als maximal praktikabel und chic verkauft.

Wie kommt es, dass Kinder immer länger Windeln tragen?
Die Bedenken, die manche Eltern in westlichen Kulturen mit frühem Sauberwerden assoziieren, liegen in einer starren Erziehung der Kinder zu Beginn des letzten Jahrhunderts begründet, welche bis in die fünfziger Jahre andauerte. So gelangte man im Laufe der Jahre zu der Annahme, dass ein frühzeitiges Training schaden könnte, da Sauberwerden damals häufig mit Drill und Zwang verbunden war. Kinder mussten oftmals so lange auf dem Töpfchen sitzen, bis ein Ausscheidungserfolg erlangt war. Nicht selten gab es Schläge wegen nasser Hosen und Kleider. Nach rigiden und zwanghaften Sauberkeitstrainings im 18., 19. und teilweise 20. Jahrhundert ging man dazu über, Zwangsmaßnahmen nicht mehr anzuwenden und das Kind den Entschluss zur Sauberkeit selbst fassen und umsetzen zu lassen. Dr. Thomas Berry Brazelton empfahl in den 1960-igern keinen Druck und Zwang beim Sauberwerden auf das Kind auszuüben, sondern dem Kind Zeit zu geben, bis es selbst bereit ist, die Windel abzulegen. Aufgrund verbesserter Saugleistung von Stoff- oder Einwegwindeln und den veränderten Erwartungen an die Selbstständigkeit ihrer Kinder rückte das Thema Sauberkeit in den Hintergrund. Eltern warten heute viel länger mit dem Beginn des Sauberkeitstrainings, da ein längeres Windeltragen nicht immer als Belastung gesehen wird, sondern gern die Zeit abgewartet wird, bis sich das Kind von sich aus durch die Windel gestört fühlt. Die Windel erfüllt heute oft den Wunsch nach maximaler Flexibilität und nach mehr Eigenständigkeit der Eltern. Einmalwindeln sind heute so praktisch anzuwenden, saugen gut und sind auch erschwinglicher als noch vor einigen Jahrzehnten. Diese Eigenschaften verleiten Eltern dazu, schnell zu wickeln und das „Problem Ausscheidung" ist für die nächsten Stunden erledigt. Die Folge ist nur, dass Windeln und praktische Höschen zwar die Bequemlichkeit, nicht aber das Sauberwerden fördern. Durch das ständige „Zupacken" des Kindes mit Windeln und nicht Hinhören auf die natürlichen Signale des Babys **verlernt** das Baby die angeborenen Fertigkeiten, den Harn- und Stuhldrang zu spüren und mitzuteilen und muss es mühsam mit zwei oder drei Jahren wieder erlernen. Seit Jahrtausenden ist diese Kompetenz der Neugeborenen und Babys bekannt und wurde von Generation zu Generation in Liebe durch bewusste Interaktion zwischen Mutter und Kind praktiziert. Erst in den letzten beiden Jahrhunderten wurde dieses Wissen durch verschiedene Einflüsse verdrängt.
Die Meinungen gehen auch auf wissenschaftlicher Basis weit auseinander.[1] Während sich einige Wissenschaftler weiter an hergebrachten Meinungen orientieren, dass Kinder erst nach dem zweiten Jahr sauber sein können, sind andere, auch gestützt durch praktische Belege, fest davon überzeugt, dass durch die Beachtung sensibler Phasen ein Kind sehr wohl im ersten Lebensjahr beginnt sauber zu werden.

---

[1] Choby, George S; Klassen TP, Ravindranathan S.

M. Rachel de Vries und Marten W. de Vries[2] erforschten die Auswirkungen einer windelfreien Vorgehensweise in Ostafrika. Sie beobachteten die Volksgruppe Digo, die ihre Kinder schon mit wenigen Wochen an die natürliche Babypflege heranführen. Mit sechs Monaten sind einige Babys bereits trocken. Marvin J. Gersh[3] untersuchte in Jamaika die Umstände der Windelfreiheit. Sie alle kamen zu der Ansicht, dass frühes kindzugewandtes Sorgen positiv auf die Entwicklung des Kindes wirkt. Und die untersuchten Gruppen nahmen die Kinder in ihrem ganzen Sein und Werden wahr und betrachteten die Ausscheidung im Gesamtkontext der Kindesentwicklung. Befragt man auch Mütter und Väter windelfreier Kinder, könnte man eine große Menge empirischer Daten erhalten. Das Interesse der Industrie für solche Forschungen ist verständlicherweise eher gering.

Die natürliche windelfreie Babypflege wird in einigen Teilen der Erde auch als „Topffit", „Infant Potty Technique" oder als „Elimination Communication" bezeichnet. Die unterschiedlichen Begriffe ähneln sich in ihrer Vorgehensweise. Allen gemeinsam ist die liebevolle Umgangsweise mit dem Kind zum Aufbau einer sehr intensiven Beziehung zur Festigung des Urvertrauens durch häufigen Körperkontakt, gemeinsames Schlafen, Stillen und aktives Hören auf das Baby. Es orientiert sich am Attachment Parenting.

Attachment Parenting handelt von einem bewusst aufeinander abgestimmten, kontaktintensiven Beziehungsaufbau zwischen Eltern und Kind, bei dem das Kind langsam selbstständiger wird. Geprägt wird das Attachment Parenting durch viel Nähe, möglichst wenigen Trennungen, langes Stillen nach Bedarf, Tragen, gemeinsames Schlafen, emotionale Ansprechbarkeit und eine zugewandte und liebevolle Erziehung.[4] In früheren Zeiten tendierte man dazu, Kinder durch gezielte Strukturen und Abläufe zu früher Selbstständigkeit zu bewegen. Nicht immer waren die damit einhergehenden Handlungen frei von Druck und hoher Erwartung. Heute widmen sich viele Wissenschaftler, aber auch Praktiker wie Lehrer, Erzieher, Psychologen und Eltern dem Attachment Parenting. Die windelfreie Babypflege, wie es schon hunderte Generationen erfolgreich meisterten, bedient sich der identischen Vorgehensweise, indem die Bedürfnisse der Kinder von Anbeginn bewusst wahrgenommen und geachtet werden, wodurch die natürliche Eigenständigkeit der Babys automatisch erreicht wird. Ein einfaches Beobachten reicht in den ersten Wochen bereits aus, um zu erkennen, wann das Baby ausscheiden muss.

Ungeborene erleben im Mutterleib eine Rundumversorgung. Sie erhalten in völliger Abhängigkeit von der Mutter alle lebensnotwendigen Stoffe, um sich zu einem gesunden Baby entwickeln zu können. Wie an der Nabelschnur sichtbar, entsteht schon physiologisch ein Band zwischen Mutter und Kind, das idealerweise auch nach der Geburt weiter besteht – wenn auch nicht mehr durch die Nabelschnur. Der Säugling erlebt außerhalb des Mutterleibs Bindungs- und Beziehungserfahrungen. Das instinktive Verhalten auf beiden

---

[2] deVries, Marten W., deVries M. Rachel
[3] Gersh, Marvin J.
[4] Haug-Schnabel, Bensel, S. 44

Seiten dient dem Aufbau einer elementaren emotionalen Bindung, die die Basis für ein glückliches und eigenständiges Leben bildet.[5] Unabhängig von Land oder Kulturkreis beobachtet man stets ein ähnliches Phänomen: Schreit oder weint ein kleines Kind, nimmt sich ein Erwachsener dieses Kindes an und versucht es zu beruhigen. Es wird hoch genommen, geschaukelt, gewiegt, ein enger Körperkontakt wird hergestellt und wohlwollend mit ihm gesprochen. In allen Kulturen und Völkern entwickeln Babys unter normalen Umständen ein spezifisches Bindungsverhalten zu einer oder mehreren Bezugspersonen. Dieses Verhalten hat in der Evolution des Menschen seinen Sinn.[6]

Soll das heißen, (m)ein Baby braucht gar keine Windel?
Ja, es ist nicht unbedingt notwendig, dass Ihr Kind Windeln trägt!
Wenn Sie zum ersten Mal von der windelfreien Babypflege hören, sind Ihre bisherigen Ideen, einen Säugling zu pflegen, sicherlich von einem anderen Standpunkt geprägt und Sie sind zumindest erst einmal überrascht. Wer keine Alternativen kennt, kann auch nicht wählen. Doch Sie haben die Wahl – Sie kennen eine Alternative und eine, die sich seit Jahrtausenden bewährt hat! Haben Sie Zweifel ob es funktioniert, können Sie es ganz einfach herausfinden, indem Sie das Kind ausziehen und eine Weile beobachten und Sie werden Erstaunliches entdecken. Will Ihr Kind ausscheiden, verändern sich schnell die Körperhaltung, die Mimik, Gestik und auch die Laute. Sicherlich muss dieses Kind noch viele Dinge wie Laufen, Sprechen, Sozialverhalten und vieles andere mehr lernen. Doch die Grundprinzipien sind angelegt. Bereits Maslow hob in seiner Bedürfnishierarchie[7] die Wichtigkeit der physiologischen Belange hervor. Ein Baby kann vom ersten Tag an seinen Eltern mitteilen, wenn es Hunger oder Durst verspürt. Auch kann ein Säugling den Wunsch nach Zuneigung und Gehaltenwerden äußern. Es erscheint unlogisch anzunehmen, dass ein Baby ein fundamentales Bedürfnis wie die Ausscheidung erst nach frühestens zwei Jahren wahrnehmen und mitteilen können soll. Die Ausscheidung ist ein wichtiger Baustein für die Gesundheit eines Menschen. Ein Baby kann dieses Bedürfnis ebenso wie Hunger, Schlaf oder Nähe erkennen und mitteilen. Und zwar vom ersten Lebenstag an. Die Kunst ist nur, die Bedürfnisse wahrzunehmen. Als Eltern übernehmen Sie die Verantwortung für Ihr Baby. Sie lernen die Bedürfnisse des Babys kennen und sorgen sich um es. Das heißt, dass die Eltern nicht ständig ein Auge auf die Ausscheidung ebenso wie auf alle anderen Belange haben müssen und sollen, sondern darauf vertrauen, dass das Kind rechtzeitig signalisiert oder die Intuition der Eltern den Hinweis auf baldige Ausscheidung gibt. Die Nähe, die das Kind in den ersten Monaten und Jahren benötigt, kann mit der windellosen Pflege sehr gut kombiniert werden. Die Belange des Kindes werden erkannt – gleichzeitig wird die Würde des Babys geachtet. Diese Methode zeigt einen Weg der Interaktion auf, der bisher Geglaubtes und Machbares komplett in Frage stellt.
Als ich mich näher mit der windelfreien Babypflege beschäftigte, merkte ich, dass einige Vorurteile und Meinungen über ein zu schnelles, zu frühes „Saubersein" kursierten, die aber bei näherem Betrachten kaum haltbar waren. Sie waren lediglich geprägt von routinierten, vertrauten Meinungen, die nicht durch

---

[5] Merz, Schmidt S. 9
[6] Riecke-Niklewski, S. 149
[7] Maslow

wissenschaftliche Kenntnisse und Erfahrungen ohne Windeln untermauert waren. Wird die Windelfreiheit abgelehnt, sind in der überwiegenden Zahl der Fälle nicht die Vorgehensweise oder Zweifel an der Methodik die Ursache, sondern die Zurückhaltung, sich von liebgewonnenen Vorstellungen zu trennen, die Halt und Orientierung in der bisherigen Babypflege gaben. Sie haben die Möglichkeit, sich von kulturellen und physiologischen Vorurteilen zu lösen, sich neuem und doch uraltem Wissen zu öffnen. Sie konzentrieren sich auf den Augenblick und bekräftigen den Wunsch, mit dem eigenen Kind zu kooperieren und einfühlsam miteinander umzugehen.[8] In Wochen und Monaten ohne Windel begreifen Sie die Situationen plötzlich ganz anders und nehmen die Momente mit Ihrem Kind intensiver wahr. Eltern berichteten mir, dass sie erst ab dem Zeitpunkt der Windelfreiheit ihr Kind vollkommen wahrnehmen und Verhaltensweisen richtig deuten konnten.

> Die Kinder kündigen den Harndrang an.
> Meine große Tochter wurde in der Trage gelegentlich unruhig. Ich habe sie liebevoll gestreichelt, sie beruhigt oder sogar aus der Trage genommen. Nach kurzer Zeit hat sie sich beruhigt und es ging ihr wieder gut. Die eigentlichen Bedürfnisse habe ich aber nicht verstanden, beziehungsweise konnte sie nicht deuten. Einen Zusammenhang zwischen Unruhe und Ausscheidungsbedürfnissen stellte ich leider nicht her. Die gleichen Erfahrungen machte ich auch mit meiner zweiten Tochter. Sie wurde ebenfalls unruhig, ich nahm sie heraus, hob sie über dem Topf ab und band sie wieder in die Trage. Langes Jammern oder Zappeln gab es dann nicht. Nach dem Ausscheiden war sie wieder zufrieden und genoss die mütterliche Nähe. Meine große Tochter urinierte nach dem Herausnehmen aus der Trage ebenso – leider verschwand der Urin in der Windel, was erst dann wirklich bemerkt wurde, als die Windel voll war.

Welche Vorteile hat die windellose Babypflege?

Gerade das Hinhören, das in der modernen Welt eher in den Hintergrund gedrängt wird, findet hier wieder mehr Bedeutung, mit der Folge, dass die Bindung zum Kind deutlich inniger werden kann. Ein häufiges Beisammensein mit dem Baby ermöglicht gerade in den ersten Lebenswochen und Monaten den idealen Aufbau dieser Beziehung. Durch den regen Austausch erlernt Ihr Baby meist sehr rasch die Selbstbestimmung auch in der Ausscheidung.

---

[8] Bauer, S. 103

Intensives Kommunizieren mit dem Baby
Verstärkte Kommunikation mit dem Baby, da sowohl die nonverbalen und später auch die verbalen Ausdrücke bewusster ausgetauscht werden. Bevor diese Kommunikationsmittel allerdings greifen, finden schon ab dem ersten Tag durch Berührung und Körperhaltung klare Signalaustausche statt.

> Oft erlebte ich überraschte Blicke von Eltern, wie ich scheinbar aus dem Nichts heraus wusste, dass meine Tochter oder mein Sohn jetzt ausscheiden wollten. Die Kinder sprachen nicht und gaben für Außenstehende kaum wahrnehmbare Signale, aber wir konnten uns intuitiv verständigen. Diese Art der Verständigung wird durch das offene Hinhören viel mehr gestärkt als bei herkömmlicher Technik.

Verstehen und Erkennen der Bedürfnisse ab der Geburt oder später
Ein häufiges Tragen und ständiges Beisammensein fördert die natürliche und existenzielle Geborgenheit. Es bietet dem Säugling die Sicherheit und den Halt, von dem er ein ganzes Leben lang durch ein intensives Urvertrauen profitiert. Die Bedürfnisse werden durch die körperliche Nähe von Mutter und Kind sofort gehört und ein schnelles Reagieren ist die Folge. Das Kind fühlt sich verstanden und geborgen.

Saubere, trockene Haut vermeidet Hautirritationen und Ausschläge
Durch ein Abhalten werden die Ausscheidungsorgane nur gering verschmutzt, sodass ein leichtes Reinigen ermöglicht wird. Die Haut bleibt trocken und wird weder durch Ausscheidungsprodukte noch durch Zusätze von Reinigungstüchern berührt. Windeln dagegen entwickeln ein feuchtwarmes Hautmilieu, welches die Keimbildung und Hautprobleme begünstigen.

Körperwahrnehmung
Das Kind kann den eigenen Körper berühren und entdecken. Keine permanent geschlossene Windel stört dabei.

Weniger Müll- oder Wäscheberge
Etwa 1 Tonne Einmalwindeln oder unzählige Waschmaschinenladungen von Stoffwindeln entfallen bei der windelfreien Babypflege. Der anfängliche Mehraufwand kehrt sich sehr rasch ins Gegenteil.

Finanzielle Ersparnisse
(Wickelausstattung, Windeln, Pflegeprodukte, extra Windeltonne)
Die scheinbar nötige Grundausstattung fürs Wickeln, wie beispielsweise den Wickeltisch, benötigen Sie ebenso wenig wie Pflegeprodukte für wunde Babypopos oder eine extra Windeltonne. Außerdem entfällt die rechtzeitige Planung, ob die vorhandene Windelmenge und Feuchttücher ausreichen könnten.
Ausflüge lassen sich so viel einfacher organisieren.

Stinkende Windeleimer gibt es nicht
Unangenehme Geruchsbildung in Windeleimern für Wegwerf-, aber auch für Stoffwindeln entfallen. Auch die Anschaffung eines geruchshemmenden Windeleimers erübrigt sich.

Ein Sauberkeitstraining fällt weg
Ein oft monatelanges, manchmal auch anstrengendes und nervenaufreibendes Töpfchentraining, besonders im Trotzalter, entfällt.

Wunde Babypopos, Allergien und Hautausschläge, Unmengen von Müll, Umweltbelastung durch chemische Stoffe in den Windeln, Waschpulver, lästiges Sauberkeitstraining – alles das können Sie umgehen, indem Sie Ihr Kind in seiner Gesamtheit annehmen.

Das Baby hat bereits die Fähigkeit, die Bedürfnisse auszudrücken – jetzt sind Sie an der Reihe, hinzuhören und auf die Befindlichkeiten einzugehen. Sie werden als Eltern Ihres windelfreien Babys langsam in die neue Rolle hineinwachsen. Also zögern Sie nicht, haben Sie Mut und Ausdauer, nehmen Sie Ihren Ideenreichtum und Sie werden schon bald Erfolge erleben!

Herkömmliches Sauberkeitstraining

Ein Vergleich zwischen konventionellem Sauberkeitstraining und windelfreier Babypflege kann, wenn man es genauer betrachtet, nicht gemacht werden, denn die windelfreie Methode greift viel tiefer in die Thematik der natürlichen Kinderpflege ein. Eine Wertung, welche Methode nun sinnvoller erscheint, soll ebenso nicht stattfinden.
Herkömmliches Wickeln mit anschließendem Sauberkeitstraining beachtet die Ausscheidungen des Kindes, wenn die Windel voll ist. Ein Reagieren auf die Bedürfnisse, bevor das Baby ausscheidet, findet nicht statt. Erst wenn sich die Eltern oder das Kind von der Windel verabschieden wollen, ändern sich die Verhaltensweisen. Im Prinzip verwirrt man das eigene Kind, indem man ihm vermittelt, dass es zunächst in die Windel ausscheiden soll. Die Eltern gehen auf die Ausscheidungshinweise nicht ein und das Kind verlernt zu signalisieren. Nach zwei Jahren soll das Kind nun die vergessenen natürlichen Wahrnehmungen wieder aktivieren und neu lernen, nun doch nicht in die Hose zu machen, sondern in die Toilette. Für

ein Kind erscheint so eine Verhaltensänderung häufig irritierend, vor allem deshalb, weil das Kind ab der Geburt die Fähigkeit zur bewussten Ausscheidung hat.

Ein in der westlichen Welt praktiziertes Sauberkeitstraining beginnt selten bevor das Kind eineinhalb Jahre alt ist. Die überwiegende Zahl der Kinder beginnen erst mit zwei Jahren oder später mit dem Toilettentraining. Bis Kinder die gewohnten Verhaltensweisen im Umgang mit ihren Ausscheidungen umlernen – von der Windel zur Windelfreiheit – verstreichen einige Wochen, Monate oder manchmal Jahre. Den einen fällt es leichter tagsüber die Toilette zu benutzen, während die Nächte noch mit Windeln verbracht werden. Das liegt nicht nur daran, dass die Kinder in der Nacht ausscheiden, sondern auch an der Angst und Sorge der Eltern vor einem nassen Bett. Bei anderen zeigt es sich genau umgekehrt. Was in der Nacht problemlos klappt, führt während der Wachphasen des Kindes zu Problemen.

Das Baby in der windelfreien Babypflege

Natürliche Babypflege

„Natürlich" – ein Wort, das in der modernen Welt immer beliebter wird. Doch was verbirgt sich hinter dem Begriff? Es wird darunter die Grundfähigkeit des Menschen verstanden, Prozesse ohne große Einflüsse von außen zu steuern. Eine Zurückbesinnung auf die Fähigkeiten des Menschen, unabhängig von technischen Errungenschaften, wird zunehmend in Betracht gezogen. Bei einer natürlichen Geburt zum Beispiel wird die Fähigkeit der Frau und des weiblichen Körpers, ein Kind normal zu gebären, mit Achtung betrachtet und möglichst auf Hilfe von außen durch Medikamente oder Eingriffe verzichtet. Diese Betrachtungsweise ist nur eine von vielen Situationen und lässt sich auf viele Bereiche des Lebens übertragen. Die natürliche Babypflege nimmt die angeborenen Fähigkeiten des Babys, nämlich die Schließmuskeln aktiv zu steuern und den Ausscheidungsdrang auch mitzuteilen, wahr, und reagiert prompt darauf. Bei der Umsetzung der natürlichen windelfreien Babypflege nehmen Sie die Fertigkeiten Ihres Babys an, können sich jedoch in der Lernphase zusätzlich der Errungenschaften von Windeln und Windelprodukten bedienen.

Die Abhängigkeit des Babys von den Eltern

Die instinktiven Bedürfnisse eines Neugeborenen sind noch viel deutlicher ausgeprägt als bei älteren Babys. An oberer Stelle und für das Überleben notwendig stehen die Forderungen nach Liebe und Zuwendung, ebenso das Verlangen nach Nahrung, Wärme und Sauberkeit, aber auch das Bedürfnis nach Interaktion mit der Umwelt. Erst dadurch ist eine volle Entwicklung des menschlichen Potentials möglich.[9] Die natürliche Babypflege orientiert sich genau an diesen primär instinktiven Notwendigkeiten und unterstützt das Baby dabei, die vorhandenen Empfindungen der Ausscheidung zu äußern. Die Windelfreiheit sieht die Abhängigkeit Neugeborener, greift aber gleichzeitig das vorhandene Potential auf

---

[9] Wild S. 65

und fördert es. Eine Lernphase von mehreren Wochen oder Monaten folgt und das Baby lernt das Zusammenspiel von Ausscheidungsdrang und gezieltem Loslassen.
Anfangs müssen Sie Ihr Kind noch unterstützen, doch im Laufe der Wochen wird es immer routinierter die Entleerung vornehmen, bis es im Umgang sicher ist.

Ist es ein Treffen auf gut Glück oder doch gezieltes Loslassen?
Die Vorstellung ein Neugeborenes oder ein wenige Wochen altes Baby abzuhalten, verwundert viele Eltern und immer wieder höre ich, dass das geglückte Ausscheiden eben gerade Zufall gewesen wäre. Das, was sich viele Eltern aufgrund der gängigen Wickelmethoden nicht vorstellen können, klappt tagtäglich in vielen Ländern dieser Erde hervorragend. Mit der windelfreien Babypflege wird vom ersten Tag an ein sensibles Bewusstsein für die eigenen Ausscheidungen beim Baby geweckt. Es wird versucht, die angeborenen Fertigkeiten des Neugeborenen zu nutzen. Schon nach der Geburt kann das Baby gezielt Urin und Stuhl ausscheiden, indem es aktiv und bewusst die Schließmuskeln öffnet. Beobachten Sie ein Baby, vielleicht sogar nackt, dann werden Sie erkennen, dass sowohl die Mimik, Gestik, aber auch erste Laute Hinweise geben, dass der Säugling nun ausscheiden muss. Bereits am zweiten Lebenstag versuchten wir unsere Kinder nach verändertem Ausdruck über einem Töpfchen abzuhalten und es funktionierte: Sie schieden nach wenigen Sekunden Urin aus. Und diese Fertigkeiten machen sich seit vielen Jahrtausenden Generationen von Eltern zunutze, um die Babys liebevoll an die Ausscheidung heranzuführen – ohne Windel. Während die natürliche Babypflege in vielen westlichen Staaten in den letzten beiden Jahrhunderten wieder in Vergessenheit geriet, wird sie nach wie vor in weiten Teilen der Erde praktiziert. Die Methoden veränderten sich kaum, da die Natürlichkeit und Ursprünglichkeit des Menschen in der Biologie die gleiche geblieben ist.

Unterschied „trocken" und „sauber"
- Trocken: mit Ihrer Hilfe kann das Kind gezielt ausscheiden
- Sauber: Die Kinder beherrschen das Zusammenspiel von Signalisieren, Entkleiden und eigenständigem Ausscheiden

Grundsätzlich unterscheidet man zwei Arten von „Sauberkeit". Kann das Kind die Ausscheidung wahrnehmen, mitteilen und beim Abhalten loslassen, spricht man von „Trocken". Das beherrschen einige Babys schon nach wenigen Monaten überwiegend. Ohne ein Ausziehen und Abhalten würden die Ausscheidungsprodukte jedoch in der Hose landen. Kann sich ein Kind selbst entkleiden und anschließend auf Topf oder Toilette ausscheiden, spricht man von „Sauber sein". Besonders deutlich wird dies, wenn das Kind ausscheiden möchte und im Moment kein passender Ort zum Abhalten vorhanden ist und einige Minuten vergehen, bis ein Entleeren stattfinden kann. Kinder, die die Ausscheidung beherrschen, können die gefüllte Blase und Darm noch einige Augenblicke halten und erst bei passender Gelegenheit entspannen.

Wann sind windelfreie Babys trocken – wann sauber?
Je früher mit der Windelfreiheit begonnen wird, desto rascher und umfassender werden Erfolge sichtbar. Hat sich ein Kind intensiv an das Tragen von Windeln gewöhnt, ist die Zeit des Lernens länger, aber eine Umstellung klappt auch später noch. Normalerweise ist es schwieriger, erst nach dem sechsten Lebensmonat mit der windellosen Sauberkeitserziehung zu beginnen, da sich das Baby bereits daran gewöhnt hat, seine Ausscheidungsbelange nicht mehr mitzuteilen, mit der Folge, dass die Wahrnehmung diesbezüglich eingeschränkt ist.[10] Wird auf die Bedürfnisse des Babys nicht reagiert, verlernt ein Kind diese instinktiven Verhaltensweisen und teilt sie den Eltern auch nicht mehr mit. Es gleicht einer Resignation. Da menschliches Lernen auf Versuch und Irrtum basiert, verwerfen wir die Dinge schnell wieder, die nicht funktionieren.[11] Das Kind muss erst lernen, wie es sich anfühlt, wenn Darm und Blase voll sind und anschließend muss es die Muskeln willentlich benutzen und öffnen. Das herkömmliche Sauberkeitstraining bei Wickelkindern dauert auch mehrere Wochen bis Monate, manchmal Jahre. Diese Geduld und Zeit sollten Sie auch Ihrem windelfreien Baby geben. Beobachten Sie es, dann werden Sie schnell feststellen, wann Ihr Baby bereit ist auszuscheiden. Geben Sie dazu immer den Schlüssellaut. Der Schlüssellaut ist ein festgelegter Ton oder Ausdruck, der immer beim Ausscheiden erwähnt wird. So kann sich das Baby anhand des Lauts auf das Öffnen der Schließmuskeln einstimmen.

Das Alter, indem die Ausscheidung größtenteils funktioniert und die Kinder trocken sind, ist sehr unterschiedlich. Es beginnt bei vier bis 12 Monaten. Es hängt von mehreren Faktoren ab. Einige Babys sind ab dem vierten Monat soweit trocken, dass „nur" noch abgehalten werden muss und die Pannenrate sehr gering ist. „Sauber" im herkömmlichen Sinn sind diese Kinder aber noch nicht. Ein eingestimmtes Abhalten beschert diesen Kindern zunächst stundenweise, dann tage- oder wochenlange pannenfreie Intervalle mit trockener Haut. Mit etwa ein- bis eineinhalb Jahren können die ersten Kinder selbstständig auf die Toilette oder auf das Töpfchen gehen und sind überwiegend trocken. Auch das eigenständige Herabschieben von Hose und Unterhose klappt ab diesem Alter oft schon sehr gut. Spätestens mit dem zweiten Jahr sind sehr viele windelfreie Kinder Tag und Nacht sauber, wobei Mädchen in der Regel früher die Fähigkeit der selbstständigen Ausscheidung erlernen als Jungen.

Kinder sind sehr unterschiedlich, sodass manche Kinder einige Monate länger oder auch kürzer benötigen, um die nötige Eigenständigkeit zu erlernen. Auch Rückschläge sind in diesen Lernphasen immer wieder enthalten. Sie sollten sich davon nicht entmutigen lassen, sondern immer wieder liebevoll versuchen mit Ihrem Kind gemeinsam zu kommunizieren.

---

[10] Bauer S. 116
[11] Lindmayer S. 15

> Unsere Tochter erlernte die Windelfreiheit folgendermaßen: Ab etwa 4-5 Monaten hatten wir viele Wochen, in denen ein gezieltes Ausscheiden überwiegend klappte. Unsere Intuition und Interaktion war gut gereift, so konnten wir die Belange rechtzeitig erkennen. Sie hatte oft mehrere Tage, in denen kein einziger Fehlversuch passierte. Mit 8 Monaten hatten wir einen Rückschlag von vier Wochen, da sie hier einen großen Entwicklungsschub hatte. Es zeichnete sich sowohl durch vermehrte Pannen, als auch mit ablehnendem Verhalten ihrerseits ab. Mit neun Monaten wurde sie selbstständiger, auch hatte sie gelernt, sich alleine auf den Topf zu setzen und tolerierte die Windelfreiheit wieder sehr gut und arbeitete motiviert mit. Sie krabbelte zum Töpfchen, ich entfernte die Kleidung, und sie setzte sich zum Entleeren selbst auf das Töpfchen. Nachts hielten wir sie regelmäßig ab, nachdem sie signalisierte. Die Kooperation war nach dem zwischenzeitlichen Ablehnen sehr gut und sie gab immer öfter verbale Hinweise auf die baldige Ausscheidung. Mit 15 Monaten war sie dann komplett sauber. Pannen waren danach sehr selten. Der Toilettengang bedurfte noch Hilfestellung, aber sie schied auch dort routiniert aus.

Geduld haben

Bei der windelfreien Babypflege bedarf es in erster Linie der Geduld. Erwarten Eltern zu viel von ihrem Kind und sind sie zu eilig, führt es auf beiden Seiten zu Frust und schnellem Aufgeben. Mütter und Väter, die sich nicht auf die westliche Standard-Definition von „Saubersein" begrenzen, sind offener dafür, verschiedene Schritte und Entwicklungsstufen auf dem Weg zu erkennen, wertzuschätzen und zu genießen.[12] Elternsein ist manchmal keine leichte Aufgabe, da selbstverständliche Eigenschaften in der Welt der Erwachsenen bei Kindern nicht gelten. Bis die gewünschte Erziehung solche Früchte trägt, wie Eltern sich das von ihren Kindern wünschen, bedarf es oft viel Geduld – was meiner Meinung eine sehr große Herausforderung in der Elternrolle ist. In vielen Bereichen der kindlichen Entwicklung ist Geduld unersetzlich und die Kinder werden es Ihnen mit Freude und Dank spüren lassen, wenn Sie in den verschiedenen Phasen nachsichtig reagieren.

Lust und Freude am eigenen Körper

Der Spaß an der eigenen Bewegung, am Funktionieren des eigenen Körpers, bleibt durch die gesamte Kindheit und weit darüber hinaus erhalten.[13] Kinder lernen die Funktionsweisen ihres Körpers sehr schnell kennen. Anders als angenommen wird, erleben Babys schon von Anbeginn an die Ausscheidung bewusst. Beobachtet man sie bei der Ausscheidung, kann man sogar die Lust an der Funktion und an der aktiven Durchführung der Ausscheidung erkennen.

Nach der Ausscheidung kann man entspannte, gelockerte Gesichter erkennen, die stolz sind, erfolgreich und selbstständig die eigene Entleerung vorgenommen zu haben. Die Handlungen der Kinder sind nicht zufällig, meist sind sie kontrolliert, zielgerichtet und das Kind versucht damit, ohne dass wir es ahnen, eine

---

[12] Boucke, S. 17
[13] (Zimmer, S. 128)

Herausforderung zu bewältigen. Nicht immer ist das von Erfolg gekrönt, doch der aktive Versuch zeigt uns, dass die Kinder nicht unbewusst und unwillkürlich ausscheiden, sondern mit voller Konzentration beteiligt sind.

Sarah, 15 Monate,
wischt sich nach dem Urinieren bereits selbst ab
und wirft das Toilettenpapier in die Toilette.
Danach ist Händewaschen dran.

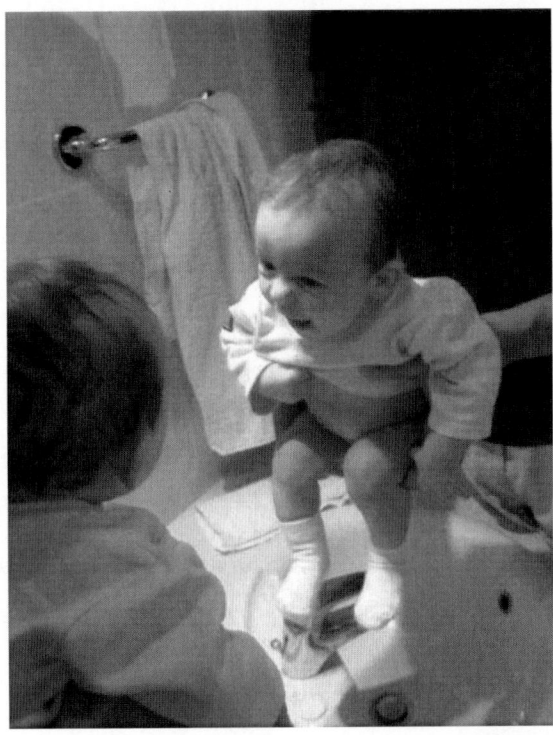

Jeremias genießt es sich beim Abhalten
über dem Waschbecken im Spiegel zu beobachten.

Viele Babys genießen es, gewickelt zu werden – zumindest die Entfernung der alten Windel scheint ihnen angenehm zu sein. Der Körper ist wieder gesäubert, die Bewegungsfähigkeit ist auf einmal viel größer, vor allem, wenn die Kinder noch eine Weile nackt strampeln dürfen und auch ein Berühren des eigenen Körpers wird jetzt möglich. Nicht selten sind Babys beim Wickeln daher sehr aktiv und strampeln kräftig. Anders zeigt es sich manchmal beim Wiederanlegen der Windel. Gerade größere Kinder weigern sich nicht selten und wehren sich vehement gegen die scheinbar nötige Maßnahme. Beobachten Sie das Kind und vielleicht werden Sie erkennen, dass die ursprüngliche Art der Ausscheidung nicht über Windeln führen muss. Kinder können Ihre Empfindungen anfangs nicht differenziert äußern, aber Sie als Eltern können versuchen den Bedürfnissen nachzugehen und herauszufinden, ob ein Aufwachsen des Kindes ohne Windeln nicht angenehmer wäre. Nachdem ich beide Methoden – mit und ohne Windeln – erleben durfte, kann ich die Unterschiede, ebenso wie die Vor- und Nachteile gut sehen.

Die Eltern in der windelfreien Babypflege

Wer kann die natürliche Babyfürsorge anwenden?

Die windelfreie Methode kann jeder „erlernen" und anwenden. Es gibt praktisch keine Ausschlusskriterien. Die Methode ist so einfach und natürlich, dass dafür keine großartigen Voraussetzungen gegeben sein müssen. Familien können die Windelfreiheit unabhängig von Wohnort oder Wohnsituation anwenden. Sie lässt sich sowohl beim ersten Kind als auch bei weiteren Kindern, trotz höherer Ablenkung durch die Geschwister, umsetzen. Auch behinderte Kinder können, zwar mit größerem Engagement, aber auch mit guten Erfolgen an die Vorgehensweise gewöhnt werden. Eine innige Vertrautheit und Verbundenheit zwischen abhaltender Person und dem Kind erleichtert die Interaktion. Auf der einen Seite können Sie sich als Erwachsener besser auf die Bedürfnisse einstellen und die Signale des Kindes besser erkennen. Auf der anderen Seite kann sich das Baby schneller entspannen und auf die Ausscheidung einstimmen. Wird das Baby von weniger vertrauten Personen wie Großeltern oder Freunden abgehalten, sollten diese behutsam vorgehen und dem Baby die Zeit geben, sich auf die veränderten Umstände einzulassen. Auch ein klares „Nein" von Seiten des Kindes zeigt deutlich, dass es lieber von gewohnten Personen abgehalten werden möchte. In diesen Momenten der Fremdbetreuung kann auch eine vorübergehende Zeit mit Windeln hilfreich sein.

Sind Sie zu diesem Buch gelangt, bringen Sie schon die wichtigsten Voraussetzungen mit: Neugierde und Faszination, Mut und Lust auf Neues und ein bisschen Geduld. Mehr brauchen Sie persönlich zunächst nicht. Für das Beginnen mit der Windelfreiheit benötigen Sie zunächst nur den Willen, es einmal auszuprobieren. Sie sind vielleicht noch nicht einmal ganz überzeugt, aber Sie haben den Mut und die Freude daran, Ihrem Baby etwas für das Leben mitzugeben, ihm zu vertrauen und seine Fertigkeiten zu nutzen, dann probieren Sie es doch einmal aus.

Welche persönlichen Eigenschaften helfen mir dabei?

Zu einem Selbst stehen

Durch meine Erfahrungen als Krankenschwester kann ich täglich erleben wie Menschen, meist abhängig von Alter und Lebensumständen, sich der Medizin und deren Methoden annehmen. Oft werden Behandlungen und Maßnahmen kommentarlos übernommen und durchgeführt. Erfreulicherweise hinterfragen immer mehr Menschen medizinische und damit körperliche Vorgänge und scheinbare Selbstverständlichkeiten. Das geschieht nicht nur aufgrund von Misstrauen, sondern meines Erachtens auch wegen eines zunehmenden Bewusstseins- und Verantwortungsgefühls dem eigenen Körper und Sein gegenüber. Auch wächst das Interesse der Eltern an alternativen Anwendungen. Das betrifft alle Lebensbereiche der Familie: angefangen beim Gesundheitsverhalten über Ernährung bis hin zum Ansatz ganzheitlichen Denkens. Viele altbewährte Methoden wurden durch den zunehmenden Fortschritt in den Hintergrund gedrängt.[14]

---

[14] Uhlemayr, S.10

Den neuesten Erkenntnissen der Salutogenese ist es wichtig Eigenverantwortung für unseren Körper und unser Wohlbefinden zu übernehmen.

Es ist eine Form von „selbst aktiv werden" und ein wichtiger Baustein für unsere Gesundheit. In meinen Vorträgen über die windelfreie Babypflege habe ich genau dieses Bedürfnis bei den Eltern erlebt. Sie wollten sich bewusst und aktiv mit diesem alten und neuen Wissen beschäftigen. Sie beobachteten ihr Kind selbst und konnten aufgrund ihrer eigenen Wahrnehmung und persönlichen Erfahrung die windelfreie Methode ausprobieren und auch langfristig anwenden.

Verantwortung tragen
Als ich zum ersten Mal schwanger war und mich zur Geburt im Geburtshaus angemeldet hatte, entschied ich mich bewusst gegen das Krankenhaus. Nicht deshalb, weil es dort schlechter sein könnte, sondern weil ich eine schöne, warme Atmosphäre im kleinen Kreis wünschte. Ich entschied mich nach nur kurzem Überlegen dafür und je öfter ich jemandem davon erzählte, desto klarer war mein Entschluss. Es gab viele Einwände von außen mit der Sorge, was denn wäre, wenn es Komplikationen gäbe. Dann kam ich natürlich ins Nachdenken und merkte zum ersten Mal ganz deutlich, dass ich nun die Verantwortung für einen neuen Menschen trage. Nun sollte ich für ein völlig hilfloses Wesen entscheiden, was richtig und was falsch war. Diese neue Rolle faszinierte mich und gab mir gleichzeitig viel Kraft und Klarheit bei dieser neuen Mutterrolle. Bei der zweiten Schwangerschaft war mir die Tragweite von Verantwortung einem neuen Menschen gegenüber schon bewusster. Ich wollte aber noch aufmerksamer die natürlichen Fähigkeiten unseres Kindes beobachten und annehmen.

Für mich war klar, dass ich es versuchen möchte, ob ich mit meinem Kind im Einklang sein und die Windelfreiheit anwenden kann. Bewusst habe ich mich für diesen Schritt entschieden. Es gab nichts zu verlieren, außer einem Berg an Glaubenssätzen, was möglich sei und was wohl nicht. Heute bin ich froh, dass ich die Erfahrung machen durfte und erleben konnte, wie entgegen der eigenen und fremden, mal mehr und mal weniger großen Bedenken, die Windelfreiheit funktionierte. Als unser drittes Kind geboren war, stellte ich sich Frage, ob mit oder ohne Windeln, nicht mehr. Durch Erfahrungen mit beiden Vorgehensweisen entschieden wir uns klar wieder für eine natürliche Babypflege ohne Windeln.

Selbstvertrauen
Immer wieder wurde ich gefragt, ob und wie das Pflegen ohne Windeln denn gehe. Ich wusste es anfangs auch nicht, aber ich glaubte einfach daran, dass es klappte. Das Wissen, dass es in vielen Teilen der Erde angewandt wird, bestärkte mich. Auch wenn Pannen auftraten – und ich mal zweifelte, ob der Weg wirklich der richtige war – so war mir im Innersten immer klar, dass der Weg stimmte.

Einmal saß ich mit einem Buch auf der Couch, während unser 20 Monate altes Kind tief und fest in einem anderen Raum schlief, als ich intuitiv mein Buch zuklappte und zu meinem Kind ging. Es schlief immer noch. Während ich zu ihm ging, gab es einen ersten Laut von sich, und ich konnte deutlich hören, dass es wohl gleich aufwachen würde. So ging ich zu ihm, nahm es hoch, wir spürten unsere gegenseitige Wärme. Schnell hielt ich es ab, es schied aus und ich legte es wieder ins Bett, wo es kurze Zeit später weiterschlief. Ich habe gelernt, auf diese innere Stimme mehr und mehr zu vertrauen und wenn ich das Gefühl habe, ich muss zu meinen Kindern, lass ich es zu und gehe zu ihnen. In den allermeisten Fällen gibt es einen Grund für mein Gefühl. Diese Selbstsicherheit gewann ich nur, weil ich lernte, mir selbst zu vertrauen.

Was bedeutet es, ein Kind windelfrei zu pflegen?

Bei der natürlichen Babypflege geht es also um viel mehr als um die Ausscheidung. Die Windelfreiheit erfasst nur einen Baustein in einem kompletten System. In erster Linie handelt es sich um eine bewusste sanfte Umgangsweise, welche einen umfassenden Blick auf das Sein und Werden des Babys richtet. Das heißt, man setzt seine Konzentration nicht auf die Ausscheidungsvorgänge, sondern beginnt nach der Geburt erst einmal mit Beobachten und Hinhören. Sie erkennen, dass das Kind schon von Anbeginn mit Ihnen in Austausch tritt. Es signalisiert Ihnen die Befindlichkeiten und Bedürfnisse.

Ein Neugeborenes wirkt sehr empfindlich, doch bereits nach ein paar Wochen haben Sie sich schon einen sicheren Umgang mit Ihrem Baby angeeignet. Sie haben beobachtet, dass das Kind auch nonverbal Signale von sich gibt. Ein Säugling kann schon den Kopf ganz leicht heben und drehen. Er kann die Augen zukneifen und weiter öffnen – einen Blick fixieren, Sie genau ansehen muss er noch lernen. Aber auch das geht bald. Schon Neugeborene bewegen den Kopf, ziehen die Füße an oder verhalten sich unruhig. Sehr bald werden Sie merken, dass es nicht nur unkontrollierte Bewegungen sind, sondern oft sehr klare Gründe vorliegen, warum das Kind so reagiert. Auch verbale Laute werden Sie wahrnehmen können, die Ihr Kind zum Beispiel beim Öffnen der Schließmuskeln von sich gibt. Manchmal ist es ein Stöhnen, ein anderes Mal klingt es erleichtert. Nach ein paar Wochen kennen Sie die meisten Zeichen für Hunger oder Durst, Nähe oder Ruhebedürfnis, Müdigkeit oder Aufgewecktsein und können adäquat darauf reagieren.

Der Säugling kann aber noch mehr Belange mitteilen: **die Ausscheidungsbedürfnisse – und zwar vom ersten Tag an.** Die Kunst liegt nun an Ihnen, ob Sie die Signale des Kindes erkennen und zu deuten wissen. Was sich kompliziert anhört, ist genauso einfach wie zu erkennen, ob ein Kind Hunger hat. Sie müssen Ihr Kind nur beobachten und ganzheitlich wahrnehmen und Sie werden merken, dass Ihr Kind sehr wohl ankündigt, bevor es ausscheidet. Wir merken es nur nicht, weil das Neugeborene vom ersten Tag an gewickelt wird und wir somit keine Verbindung zur Ausscheidung herstellen.

Es geht also darum, die eigenen Gedanken und Vorstellungen über Machbares zu erweitern und ganz offen an die neuen Ideen heranzugehen. Beobachten Sie Ihr Kind und Sie werden merken, dass das Verhalten schon im Neugeborenenalter verändert ist, wenn es ausscheiden will. Der Gedanke an Neugeborene oder wenige Wochen alte Babys, die längere Zeit ohne Windeln sind, scheint in unserer westlichen Welt sehr fremd zu sein. Allein die Vorstellung davon bereitet vielen Eltern Sorge vor nassen Böden, Kleidung und unkontrollierter Ausscheidung. Doch wie kann es sein, dass 65 Prozent aller Babys auf der Welt ohne Windeln aufwachsen? Aus unterschiedlichen Gründen werden die Babys von Anbeginn oder mit wenigen Wochen an den Topf herangeführt, sodass sich die Kleinen sehr rasch an die Praktik gewöhnen. Wir nehmen an, unterstützt von der Windelindustrie, dass Kinder erst die physiologische Reife im Kleinkindalter erreichen, um die Ausscheidung gezielt abzusetzen.

Doch es geht auch anders:

Babys besitzen ab der Geburt die Fähigkeit:
- ihre Ausscheidungsbedürfnisse wahr zu nehmen
- ihre Ausscheidungsbedürfnisse zu äußern (Mimik, Gestik, Stimmungsveränderungen)
- ihre Ausscheidung aktiv mitzugestalten (bewusste Öffnung der Schließmuskeln)
- ihren Unmut über nasse Hosen oder Windeln auszudrücken

Diese Fertigkeiten Ihres Babys können Sie sich ganz einfach zunutze machen, indem Sie die angeborenen Kompetenzen achten und durch Interaktionen mit Ihrem Baby erkennen lernen.

Mutter und Tochter Darja, sieben Monate,
sind bereits ein gut eingespieltes Team.
Darja entspannt sich sichtlich auf dem Töpfchen.

Respekt

Ein elementarer Punkt windelfreier Babypflege ist der Respekt dem eigenen Kind gegenüber. Jede Mutter und jeder Vater denkt, liebevoll und achtsam zu erziehen. Doch ist es respektvoll, die natürlichen Fähigkeiten des Neugeborenen zu missachten und erst nach ein paar Jahren wieder zu reaktivieren? Basis dieser Wertschätzung ist die Liebe. Und die Liebe ist allgegenwärtig, wo Leben ist. Sie wirkt innen und außen und durchdringt alles, verbindet alles, durchstrahlt, erwärmt und trägt alles. Doch Respekt verhindert, dass sie zum Besitz und zum Kontrollieren missbraucht wird.[15] Windelfreiheit versucht hier einen Ansatz zu finden und die Natürlichkeit des Menschen zu achten und danach zu handeln. Wachstumsschübe mit auftretenden Pannen können Verzweiflung und Ratlosigkeit bei den Eltern hervorbringen. Respektieren Sie die Lern- und Reifeprozesse mit gelegentlichen Rückschlägen, können Sie ein intensives Vertrauen zu Ihrem Kind aufbauen. Mütter windelfreier Babys bestätigten mir genau diese Beobachtung. Je geduldiger, respektvoller und selbstverständlicher sie im Umgang mit der Windelfreiheit waren, desto seltener gab es ein unerwartetes Ausscheiden. War die Erwartung oder Zielsetzung mit Druck verbunden, wirkte sich der eher egoistische Umgang negativ aus. Gehäufte Unfälle bei unerkanntem Ausscheidungsdrang, aber auch Enttäuschungen auf Seiten der Eltern waren die Folge. Manchmal endete diese nicht erfüllte Erwartung im Aufgeben und führte zu einer Rückkehr zur Windel.

Feinfühligkeit

In der modernen Säuglingsforschung erkannte man, dass die Kommunikation zwischen dem Säugling und den entscheidenden Bezugspersonen überwiegend über den mimischen und lautlichen Gefühlsausdruck stattfindet. Ab einem halben Jahr folgen Babys auch der Blickrichtung der Eltern.[16] Die windelfreie Babypflege macht sich diese Eigenschaften und Fähigkeiten von Babys zunutze, sodass bereits mit einem wenige Wochen alten Baby das Abhalten mit Signaltönen, Mimik, Gestik und immer wiederkehrenden Abläufen gut funktionieren kann. Ein unmittelbares Reagieren auf die Bedürfnisse Ihres Babys stärkt die Bindung zwischen Ihnen. Das bedeutet, dass das Kind **jetzt** ausscheiden muss und nicht erst in einigen Minuten. Das Kind äußert klar ein Bedürfnis und Sie sollten dem Baby feinfühlig gegenübertreten und das Baby ernst nehmen. Das Kind will im Moment nicht weiter spielen, essen, trinken oder anderweitig abgelenkt werden, sondern will abgehalten werden, auch wenn es in so manches Zeitfenster der Erwachsenen nicht passt.

> Unser Sohn versuchte im Hochstuhl aufzustehen, als er ausscheiden wollte. Anfangs wies ich ihn zurecht und meinte, er solle doch sitzen bleiben, bis ich bewusster hinsah und erkannte, dass er einfach aufs Töpfchen wollte.

---

[15] Wild, S. 105 ff
[16] Eggers, S. 113

Die situationsbezogene Bedürfnisbefriedigung meint, dem Baby das zu geben, was es im Augenblick benötigt. Die allermeisten Mütter und Väter sind sehr aufmerksam gegenüber ihrem Säugling, reagieren sofort und trösten es geduldig, interagieren mit ihm und fördern seine Entwicklung.

Kinder, deren Bindungswünsche verstanden und akzeptiert werden, entwickeln allmählich ein Gefühl von Selbstbestimmung[17] und ihr Selbstvertrauen wird gestärkt. Die Möglichkeit zeitnah dem Kind entgegenzukommen, lässt sich in vertrauter Umgebung meist sehr gut realisieren. Bei Ausflügen, Einkaufen oder Spazierengehen scheint ein unmittelbares Stillen des Bedürfnisses nicht immer möglich zu sein.

Als Eltern eines windelfreien Babys werden Sie im Laufe der Monate jedoch einen Blick für passende „Örtchen" entwickeln.

Als meine Kinder weinten oder Körperkontakt suchten, beruhigten sie sich am besten, wenn ihr Kopf auf der linken Brusthälfte in der Nähe meines Herzens lag. Oft drehten sie sogar den Kopf so hin, dass das Ohr ganz an der Brust war und sie die Geräusche hörten. Wenn ich den Gesichtsausdruck dabei beobachtete, dann sah ich friedvolle, entspannte Züge. Zur Beruhigung brauchten meine Kinder oft nur kurze Augenblicke an meiner Brust, sie konnten den Herzschlag wieder hören und die Nähe- und Sicherheitsbedürfnisse waren für einige Zeit wieder gedeckt. Waren meine Kinder eng bei mir, konnte ich die Ausscheidungsbedürfnisse sehr schnell erkennen oder meine Intuition signalisierte mir, dass es Zeit zum Abhalten ist. War meine Tochter weiter weg, funktionierte es auch, allerdings musste ich hierbei meine Wahrnehmung weiten. Nach einigen Monaten, als wir sicher im Umgang mit der Windelfreiheit waren, zeigte es keinen Unterschied mehr, ob wir zusammen oder durch einen Raum getrennt waren, um die Bedürfnisse zu erkennen. Die anfängliche Nähe bot uns die Fähigkeit, die Signale gezielter wahrzunehmen, auch wenn eine geringe räumliche Trennung vorhanden war.

---

[17] Gebauer, Hüther, S. 38

Mara, 13 Monate,
arbeitet bei beim Ausscheiden immer gut mit.
Die Pannenrate ist auf ein Minimum reduziert.
Unsere Tochter war wenige Wochen später sauber.

Mara, 6 Wochen, kuschelt an Papas Brust
und wird von ihrer großen Schwester Amelie, 2,5 Jahre gestreichelt

Weiß das Kind, dass auf sein Weinen, Schreien und seine Bedürfnisse, wozu auch die Ausscheidung gehört, eingegangen wird, kann es von dieser Nestwärme profitieren. Es fühlt sich behütet und aus diesem Umsorgt sein kann das Kind sich von der Mutter am leichtesten lösen, denn es weiß, dass Mutter oder Vater immer da sind, auch wenn das Kind einige Schritte entfernt spielt. Die Sicherheit der Bindung des Säuglings an seine Mutter hängt eng mit ihrer einfühlsamen Fürsorge zusammen.[18] Fühlt sich das Kind dagegen unsicher oder ist ängstlich, wird es von den Eltern nicht weichen. In afrikanischen und vielen asiatischen Ländern tragen Mütter ihre Kinder oft den ganzen Tag während der Arbeit, der Hausarbeit, beim Kochen etc. mit sich herum. In westlichen Kulturen befinden sich Babys meist deutlich weniger nah bei den Eltern und schlafen in eigenen Betten und Kinderwägen, die sich in anderen Räumen befinden.

---

[18] Leach, S. 115

Aber nichts verleiht einem Kind so sehr das Gefühl von Geborgenheit wie der enge Kontakt zu seinen Eltern oder der Bezugsperson. Die konstante Nähe und Geborgenheit ist eine gute Ausgangsbasis für Neugier und Kontaktaufnahme. Diese Geborgenheit erfuhren unsere Kinder zusätzlich durch langes Tragen im Tragetuch oder in einer gut sitzenden Trage. Mussten unsere Kinder ausscheiden, nahm ich sie aus Trage oder Tuch, holte einen Topf und hielt sie ab. Kurze Zeit später konnten wir wieder zusammen sein.

Gemeinsames Kuscheln mit meiner Tochter Mara
unter einem speziellen Tragepullover

Diese Eltern-Kind-Beziehung wird durch ein regelmäßiges Tragen und auch wieder Loslassen gefördert. Halten Sie engen Körperkontakt mit Ihrem Baby, können Sie erkennen, dass sich das Kind nach dem Tragen geborgen fühlt und anschließend auch eine gewisse Zeit für sich spielen und sich selbst beschäftigen kann. Das Kind vertraut Ihnen und weiß trotzdem, dass es geborgen ist, auch wenn es einmal nicht getragen wird. In vielen Ländern der Erde gehört das Tragen der Kinder zu den Grundpfeilern der Kinderpflege. Zum Beispiel werden die Kinder der Inuit viele Stunden am Tag getragen. Sie sitzen nackt in den speziellen Kapuzen der Anoraks ihrer Mütter, die mit Tierfellen sehr warm und weich ausgestattet sind. Muss das Kind ausscheiden, muss es nicht ganz aus dem Anorak herausgenommen werden, sondern kann durch eine kleine Öffnung abgehalten werden.[19] So kann auch bei kühler Außentemperatur die Windelfreiheit sehr gut und praktisch handhabbar durchgeführt werden. Passende Overalls mit Reisverschluss im Schritt findet man immer mehr in speziellen Windelfrei-Shops, sodass auch in kalten Monaten ein Kind regelmäßig abgesetzt werden kann.

Sarah, 3 Monate, wird über der Toilette abgesetzt.
Die Füßchen werden dabei ganz locker gehalten.

---

[19] Fontanel, Harcourt, S. 14

Abnabelungsprozess

Der Übergang von umfassender Nähe hin zu langsamen Loslassen ist fließend. Ein Phänomen, das dabei auftritt, zeigt sich im Fremdeln, einer ängstlich-abweisenden Reaktion gegenüber unbekannten Personen, die zwischen dem 6. und 10. Lebensmonat ihren Höhepunkt zeigt.[20] Die Kinder sind noch sehr auf die Eltern, meist jedoch die Mutter, fixiert, sind aber dennoch neugierig auf die Umgebung. Das Kind schaut eine unbekannte Person an und weint oder versteckt sich. Schnell dreht es den Kopf wieder zur Mutter. Hat sich das Kind beruhigt, wendet es oft den Kopf wieder zu der Person und weint wieder. Dieser Prozess kann oft mehrere Male hintereinander auftreten. Wird das Kind von einem fremden Menschen betreut und getragen, lässt es sich meist nur durch die Mutter trösten und windet sich schnell vom Arm der haltenden Person.

Durch einen intensiven Körperkontakt zur Mutter lässt sich diese Phase stressfreier überbrücken und ein Weinen beim Kontakt zu anderen Personen aus dem sicheren Platz in der Trage oder auf dem Arm der Eltern wird weniger. Mit einem Jahr ist die ängstliche Phase bei den meisten Babys vorbei und tritt immer seltener auf, vorausgesetzt, die Ängste des Kindes wurden in den sensiblen Monaten geachtet. Das Nähebedürfnis des Kindes zu seinen Eltern nimmt im Laufe der Lebensjahre ab. Während ein Säugling die Mutter die ganze Zeit über spüren will, hat sich ein Kleinkind schon um einiges losgelöst. Trotzdem genießt und braucht ein Kleinkind auch die mütterliche und väterliche Nähe. Wenn Ihr Kind mit Ihnen Hand in Hand läuft, kann es dieses Gefühl genießen. Wenn es wegrennt, behält es seine Eltern im Auge und kommt regelmäßig zu ihnen zurück, um ihnen etwas zu erzählen oder in den Arm genommen zu werden.[21] Die Kunst liegt nun an Ihnen als Eltern, so viel Nähe und Zuneigung zu geben, wie Ihr Kind in dem Moment benötigt und so viel Freiheit zu geben, wie es Ihrem Kind Wohlbefinden bereitet. Babys mit etwa sieben bis neun Monaten zeigen eine Eigenständigkeit, welche sich auch in den geänderten Abhaltewünschen widerspiegelt. Oft sind die Bedürfnisse nach Selbstständigkeit erhöht. Kinder lernen ab etwa einem halben Jahr zu sitzen, robben und krabbeln. Das verschafft ihnen die Freiheit, selbstständig zu Topf oder Toilette zu kommen und die Ausscheidung selbst mitzubestimmen. Aufgrund der körperlichen Entwicklung benötigen sie jedoch noch Unterstützung. Sie lernen bei der Windelfreiheit nur soweit Hilfestellung zu leisten, wie es nötig ist und die erlernten Fähigkeiten mit ins Abhalten zu integrieren, indem sich das Kind zum Beispiel selbstständig auf den Topf setzt. Oft erlebte ich, wenn die Windelfreiheit wie den ersten Lebensmonaten gewohnt weitergeführt wurde, dass die Toleranz zur Kooperation sank. Erst als die neuen Entwicklungsschritte einbezogen wurden (also selbstständiges Hinsetzen anstelle von passivem Abhalten), war die Bereitschaft des Kindes zur Mitarbeit wieder deutlich besser.

---

[20] Riecke-Niklewski, S. 149
[21] Morris, S. 161

Geschwisterkinder helfen mit

Beginnt man bei einem zweiten oder weiteren Kind mit der windelfreien Babypflege, ist die Umsetzung nicht aufwendiger – im Gegenteil. Unsere große Tochter konnte sich an ihre eigene Windelzeit nicht mehr erinnern, da sie sehr früh sauber wurde. So erschien ihr die windelfreie Methode als etwas Selbstverständliches und absolut Natürliches. Nie stellte sie die Vorgehensweise in Frage, obwohl sie einige Kinder mit Windeln kannte, und diese regelmäßig in ihrem Beisein gewickelt wurden. Sie unterstützte mich sogar immer wieder, indem sie mir Dinge reichte oder mir einfach sagte, dass ihre Schwester oder ihr Bruder ausscheiden müssten, und ich ihr doch bitte den Topf bringen solle. Sie nahm ihre Geschwister, half ihnen beim Ausziehen und setzte sie auf den Topf. Anschließend kniete sie sich vor ihre Schwester oder ihren Bruder hin und gab die dazugehörigen Signallaute. Zwischendurch schaute sie zwischen die Beine oder hob die Kleinen hoch, um zu sehen, ob es einen Erfolg zu berichten gab. Sie holte Toilettenpapier, wischte die Ausscheidungsorgane vorsichtig ab und lobte ihre Geschwister. „Super gemacht!" Für uns Eltern war es sehr schön zu beobachten, wie frei und unkompliziert die Kinder mit der Ausscheidung umgingen. In der Anfangsphase hatten wir, um eine Gleichberechtigung zwischen den Kindern herzustellen, für jedes Kind ein eigenes Töpfchen, denn unsere große Tochter wollte natürlich ebenso in den Topf ausscheiden, wenn ich die Kleine abhielt. Ebenso gestaltete es sich, als unser Sohn geboren wurde. Unsere mittlere Tochter ging bereits selbstständig auf die Toilette. Als sie sah, dass ihr Bruder auf dem Töpfchen abgesetzt wurde, fand sie diesen ebenso interessant und schied gelegentlich auch dort aus. Diese Vorgehensweise hat sich bewährt, da der Altersunterschied nicht sehr groß war. Das Abhalten unseres Sohnes nahmen die beiden Mädchen aufgrund des Alters noch viel deutlicher wahr und konnten bereits nach wenigen Wochen seine Mimik richtig deuten.
Unsere Tochter war zweieinhalb Jahre alt als unser Sohn geboren wurde. Mit Freude beobachtete sie, wie wir ihn regelmäßig abhielten, dennoch beteiligte sie sich in den ersten Wochen nicht aktiv daran. Eines Nachmittags ging sie gezielt zu unserem Sohn und entfernte ganz zielsicher die Einlage und sagte, er müsse jetzt ausscheiden. Ich dachte zuerst, dass weder die Zeit noch die Anzeichen für ein baldiges Ausscheiden passten, aber ich verließ mich auf die klare Intuition meiner Tochter. Noch ehe ich den Topf zücken konnte, zog unsere Tochter die Einlage weg und unser Sohn urinierte im hohen Bogen.

Tochter Elisabeth, dreieinhalb Jahre, unterstützt die Mutter
beim Abhalten des Sohnes Leonard, der gerade vier Monate alt ist.
Für Elisabeth ist es selbstverständlich, dass auch schon kleine Babys
über einem Töpfchen gezielt ausscheiden können.

Einen weiteren guten Effekt hat die natürliche Babypflege bei Wickelkindern: Immer wieder erzählten mir Mütter, dass größere Wickelkinder durch kleinere, windelfreie Geschwister einen Ansporn erhielten und die Windel sehr schnell ablegten.
Das Hinzukommen eines neugeborenen Wickelkindes hat jedoch den gegenteiligen Effekt. Größere Kinder, die bereits seit einiger Zeit sauber waren, schieden nach der Geburt eines Geschwisterkindes wieder in die Hosen oder Windeln aus. Dieser scheinbare Rückschritt in der Entwicklung des älteren Kindes kann in den meisten Fällen umgangen werden.

Einstimmung auf die Windelfreiheit

Ruhe und Ausscheidung

> Wir hatten immer einen Topf bei uns im Wohnzimmer stehen. Er stand abseits, jedoch immer greifbar. Unsere Kinder gaben ein Signal oder wir spürten, dass sie mussten und es war sehr praktisch für uns, schnell einen Topf zu greifen, anstatt jedes Mal den Raum zu wechseln. So konnten sie bei uns in Ruhe ausscheiden – und anschließend wurde der Topf geleert. Als sie selbstständig sitzen konnte, wollte sich unsere Tochter aber nicht immer bei uns hinsetzen, sondern wollte eine Ecke für sich haben. So hatte der Topf einen eigenen Platz in einer geschützten Ecke des Raumes und schon plätscherte es. Hatten wir Besuch oder war die Unruhe zu groß, verließ ich jedoch mit ihr den Raum und suchte einen ruhigen Platz. Für ein willkürliches Loslassen musste sie entspannen. Das konnte sie nur, wenn die Umgebungsfaktoren passten. Ab dem Laufalter verschwand diese sensible Phase und sie konnte auch in unruhigerer Umgebung ausscheiden.
>
> War ich mit ihr unterwegs und hielt sie ohne Topf ab, tat sie sich manchmal schwer, diese Ruhe zu finden. Waren wir alleine, gab es keine Probleme. Anders zeigte es sich auf großen öffentlichen Toiletten. Obwohl wir beide wussten, dass die Blase voll war, tat sie sich sehr schwer loszulassen und weigerte sich auch manchmal. Ich nahm ihren Rücken an meinen Bauch und gab ihr dabei Stabilität und Sicherheit. In vielen Fällen schafften wir es dann doch – in anderen zog ich ihr eine Windel an und ermöglichte ihr somit die Ausscheidung. Anschließend wurde sie gleich gewickelt und sie war wieder trocken.

Generell war mir wichtig, dass sie die Möglichkeit hatte, in Ruhe und Eigenständigkeit zu entspannen und loszulassen – oder auch einmal „nein" zu sagen. Es unterscheidet sich nicht von den Erwachsenen – auch hier wird ein stilles Örtchen aufgesucht, um in geschützter Atmosphäre ausscheiden zu können.

Lob und Anerkennung

Lob spielt in der Entwicklung des Kindes eine große Rolle. Egal, um welchen Bereich es sich handelt, ein Kind freut sich, wenn es Dinge erfolgreich erforscht, entdeckt oder geschafft hat. Wenn Sie die Erfolge mit Lob bekräftigen, freut sich Ihr Kind und versucht es vielleicht gleich noch einmal. Bei unserer großen, gewickelten Tochter lobten wir, wenn sie auf dem Topf gesessen hatte, und dort ausschied. Auch als sie sich selbst meldete, dass sie ausscheiden muss, signalisierten wir ihr, dass wir stolz auf sie waren. So war sie komplett ohne Druck und Zwang mit ihrem zweiten Geburtstag Tag und Nacht sauber. Aus meiner Beobachtung kann ich schließen, dass ein normales, nicht überzogenes Loben eine positive Wirkung auf die Windelfreiheit hat. In der Lernphase und bei Entwicklungsschüben mit erhöhter Pannenrate kann ein Aufmuntern und Loben Ihre Vorgehensweise nochmals unterstreichen. Die Kinder freuen sich oft sichtlich darüber. Manche Kinder klatschen begeistert in die Hände, andere Kinder äußern ihre Freude verbal wieder.

> Zu den ersten Worten, die unser Sohn sprach, gehörte „super". Er sagte es selbst, wenn er erfolgreich ausschied. An seiner Mimik konnten wir erkennen, dass er sich auch sichtlich freute und stolz war.

Wie handhaben andere Völker und Kulturen das Sauberwerden?

Was in Deutschland und einigen Teilen Europas noch sehr unbekannt ist, beziehungsweise in Vergessenheit geriet, ist in vielen Teilen der Erde tägliche Praxis. Die Gründe für die Anwendung der windelfreien Babypflege sind verschieden:

- Wissen und Erfahrungsschatz wird von Generation zu Generation weiter gegeben und als eine Selbstverständlichkeit der Kindererziehung angesehen. Es käme den Menschen vielerorts aufgrund ihrer eigenen Prägung nicht in den Sinn, ihre Kinder länger als unbedingt nötig in den Ausscheidungen zu lassen und Windeln anzuziehen.

- Es gibt weder Windeln noch das Geld dafür. Teure Windeln können sich ärmere Familien nicht leisten, ebenso ist die Verfügbarkeit von Windeln in abgelegenen Regionen gering.

- Das Waschen von Windeln ist in vielen Teilen der Erde allein aus Wassermangel nicht möglich. Ebenso ist die Plastikwindel oft unpraktisch, da eine passende Entsorgung durch eine fehlende oder unzureichende Müllbeseitigung fehlt. Und gerade hier ist auch die Geburtenrate hoch.

- Windelfreiheit aus Überzeugung: Immer mehr Eltern erkennen den Erfahrungsschatz der natürlichen Babypflege und setzen ihn gezielt bei ihren eigenen Kindern um. Die liebevolle Interaktion, die dabei entsteht, beeindruckt viele Eltern ebenso wie die tatsächlich vorhandenen Kompetenzen des eigenen Kindes. Gegen die vorherrschende Meinung der Gesellschaft zeigen sie allein durch Anwenden der Methodik, dass es in der Natur andere Möglichkeiten gibt, als drei Jahre zu wickeln.

Mit Blick auf die unterschiedlichen Kulturen erkennt man den Einfallsreichtum der Menschen, um ein und dasselbe Problem zu lösen. Die überwiegende Zahl der Mütter, die die natürliche Babypflege anwenden, verlassen sich auf die Intuition und halten das Kind bei Bedarf ab. Dabei verwenden manche Stämme und Völker Naturmaterialien, um ungeplante Ausscheidungen aufzufangen. Abhängig von kulturellen und religiösen Traditionen findet man unterschiedliche Praktiken. Ich möchte hier die einzelnen Länder nicht vergleichen, sondern lediglich die Vielseitigkeit der Babypflege darstellen.
Je nach Volksgruppe werden die Babys nur von den Müttern und weiblichen Bezugspersonen abgehalten, während in anderen Stämmen auch die Männer mit in die Babypflege eingebunden werden. Viele Völker beobachten ihre Kinder und erkennen den Ausscheidungsdrang. Nasse und volle Kleidung gibt es kaum, da die körperliche Bindung so stark und permanent ist, dass Mutter und Kind sich sehr gut kennen und

auch eine Kommunikation über die Ausscheidungsbedürfnisse stattfindet. Mütter, die ihre Kinder bei sich tragen, spüren, wann ihr Kind muss.

> Meine Kinder verbrachten die ersten Monate viele Stunden täglich in der Trage – und die allermeiste Zeit waren sie ohne Windel oder Einlagen. Anfangs hatte ich Bedenken, dass die Trage nass werden könnte. Unsere Babys wurden unruhig und wollten die Trage, also ihr Nest, verlassen. Ich band sie frei, hielt sie ab und Sekunden später fand die Ausscheidung statt.

Viele Mütter unterschiedlichster Kulturen wenden diese Methode an. In wärmeren Klimazonen haben windelfreie Kinder den Vorteil, dass sie die meiste Zeit über leicht bekleidet sind und im Freien spielen. Eine Diskussion über nasse Teppiche, volle Böden, aber auch über lange Windeltragzeiten mit anstrengendem Sauberkeitstraining bleibt allen Beteiligten erspart.

Verwendete Materialien in anderen Ländern:
Der Ideenreichtum für die Lösung eines Themas ist beachtlich. Mütter und Väter haben die unterschiedlichsten Naturmaterialien und mittlerweile auch synthetische Stoffe in Verwendung, um ihrem Baby eine trockene Haut zu bescheren. Völker, die ihre Babys abhalten, tragen die Kinder überwiegend ohne Windel oder Windelersatzprodukte. Manchmal werden Moose, Felle, Tücher oder sogar getrockneter und fein geriebener Dung von Kamelen oder Kühen verwendet und in Einlagen gelegt, um eventuelle spontane Ausscheidungen aufzufangen. Naturwindeln aus Watte, Moose, ein Abhalten zwischen den Knöcheln oder geschlitzte Hosen haben letztendlich die gleichen Ziele: den Menschen von seinen Ausscheidungen zu trennen.[22] Die Basis für die Durchführung liegt in der gegenseitigen Achtung und Anerkennung der kindlichen Fähigkeiten von Anbeginn an.

---

[22] Fontanel, d´Harcourt, S. 8

Welche landesspezifische Formen der Babypflege gibt es und wie verändern sich diese?

Nordamerika

Die Babypflege in den USA unterscheidet sich wenig von den Gewohnheiten in Europa. Die Mütter wickeln ihre Babys meist mit Einmalwindeln, aber auch Stoffwindeln werden wieder beliebter. In den USA und Kanada hat sich die Zeit des Windeltragens stetig verlängert und es gibt mittlerweile viele Kindergartenkinder, die praktische Trainingshöschen routinemäßig tragen. Auch die Zahl noch bettnässender Schulkinder ist in den letzten zehn Jahren gestiegen. Einen Grund sehen die Kinderärzte in den USA und Kanada in den immer besser saugenden, zuweilen auch intensiv parfümierten Windelhöschen, die es schon bis zu 30 Kilogramm Körpergewicht regulär im Handel zu kaufen gibt und die Bequemlichkeit der Eltern und Kinder unterstützen. Eltern müssen sich wegen der guten Passform und dem Auslaufschutz immer später um die Sauberkeitserziehung bemühen. Andererseits sind auch dort gehäuft Strömungen zu erkennen, die zurückkehren zur ursprünglichen, zeitgemäßen Sauberkeitserziehung. Auch die „Entdeckung der Windelfreiheit im Westen" wurde in den USA vorangetrieben. Immer mehr Familien schätzen es wieder, wenn ihre Babys die Natürlichkeit ausleben dürfen und ihrer Fertigkeit entsprechend behandelt werden.

Süd- und Mittelamerika

Je ursprünglicher die Menschen leben, desto verbreiteter und alltäglicher findet man die Windelfreiheit vor. In westlich orientierteren Bevölkerungsgruppen und vor allem in Städten ist die Verwendung von Windeln keine Seltenheit mehr. Die Windelindustrie hat das Potential in diesen Ländern längst erkannt und vertreibt dort ihre Produkte. Die Verwendung von Windeln, besonders die Nutzung von Einmalwindeln, gilt in den meisten Ländern als modern und Bereicherung für die Gesellschaft, sodass die Produkte oft übernommen werden, ohne die Besonderheit der eigenen, erfolgreichen Traditionen zu reflektieren. So geraten die bisherigen Methoden in den neuen Generationen zunehmend in Vergessenheit.

In Venezuela und Brasilien tragen die Mütter der Yanomami ihre Kinder ständig mit sich herum. Sie haben sich jedoch weniger auf die Signalhinweise der Kinder eingestellt, mit der Folge häufigerer Pannen. Dennoch spüren auch diese Mütter die Ausscheidungsbedürfnisse der Kinder schneller, da diese überwiegend nackt sind. Eine Verunreinigung der Mutter mit den Ausscheidungen des Kindes wird aber nicht negativ aufgenommen wie bei anderen Stämmen, sondern als Teil der kindlichen Entwicklung angesehen.[23] Andere Urvölker in Südamerika halten ihre Kinder regelmäßig ab und nutzen intuitiv die Potentiale der Babys.

---

[23] Fontanel, d`Harcourt, S. 134

Europa

Während die windelfreie Methode im westlichen Europa nahezu unbekannt erscheint, wissen noch viele junge Mütter aus den östlichen Staaten von der Windelfreiheit. In meinen Vorträgen war ich immer wieder erstaunt, dass die Großeltern ihr Wissen an ihre Kinder und Enkel weitergegeben haben. Wiederholt traf ich junge ungarische, rumänische, tschechische oder russische Frauen, die mir von sehr frühen Abhaltetechniken und Erfahrungen berichteten. Mittlerweile findet man gehäuft Mütter und Väter, die die Natürlichkeit in der Babypflege schätzen und lieben gelernt haben, sodass sich die Windelfreiheit langsam wieder etwas verbreitet. Ein hilfreiches Medium, um diesen Wissensschatz weiter zu tragen, ist das Internet mit einigen Foren und Plattformen, sowie lokale Treffen von Gleichgesinnten. In Summe wird die Windelfreiheit allerdings noch sehr skeptisch und als exotisch betrachtet.

Russland

Die Tschuktschen im Osten Russlands wickeln ihre Kinder nackt in dicke Felle und Fellanzüge. Trotz eisiger Kälte frieren die Babys daher nicht. Um sie beim Wasserlassen und Defäkieren nicht ausziehen zu müssen, haben die Hosen einen Schlitz, der sich beim Spreizen der Beine öffnet. So kann das Baby ausscheiden, ohne nass zu werden und muss gleichzeitig nicht ausgewickelt werden. Anschließend wird der Schlitz mit Moosen oder Fellen abgedeckt. Anders gestaltet es sich im westlichen Russland, wo die Folgen der Globalisierung deutlich zu erkennen sind. Die Verwendung von Einmalwindeln wird immer moderner und gehört in vielen Teilen des Landes zu einem fortschrittlichen Leben. Dennoch werden im Vergleich zu Westeuropa noch deutlich mehr Kinder mit Stoffwindeln und Stoffresten gewickelt und auch frühzeitig abgehalten. Die meisten russischen Kleinkinder sind zu ihrem zweiten Geburtstag trocken und sicher im Umgang mit Töpfchen oder Toilette.

Indien

Viele indische Kinder sind leicht bekleidet, mit dünnen Hosen oder Kleidchen ausgestattet, oder spielen nackt. Wird das Kind nicht traditionell von der Familie abgehalten, entledigt sich das Kind ab dem Laufalter auch im Freien. Solange das Kind getragen wird, im Tuch am Sari oder an der Hüfte, merkt die Mutter sehr bald, wenn es Zeit zum Abhalten wird. Doch auch Indien erlebt in diesen Zeiten eine starke Verwestlichung und Modernisierung. Viele Bräuche und Verhaltensweisen gelten als veraltet und neue Ideen werden mit Freude übernommen. Die bisherige Abhaltetechnik, die über Generationen weitergeben wurde, gerät immer mehr in den Hintergrund. Stoffwindeln oder Windeln aus Stoffresten sind in Indien ebenfalls bekannt, allerdings wird oft nur im ersten Lebensjahr intensiv gewickelt, da Stoffe und Wasser in vielen Regionen sehr kostbare Güter sind. Klassisches Wickeln mit Einmalprodukten wäre aber in vielen Teilen des Landes nicht möglich, da allein das Entsorgen der gebrauchten Windeln zu einem völligen Kollaps der ohnehin schon überlasteten oder nicht vorhandenen Müllabfuhr führen würde.

Südostasien
Ebenso wird das Wissen über die natürliche windelfreie Babypflege in vielen Familien in Südostasien weitergegeben. Ich traf eine Vietnamesin, die in Deutschland lebte und herkömmlich wickelte, als ihre Mutter zu Besuch kam. Die Großmutter versuchte ihren fünf Monate alten Enkel drei Wochen lang immer wieder abzuhalten und ihn an die Signaltöne zu gewöhnen. Nach dieser Zeit gab es die ersten unfallfreien Intervalle, obwohl der Junge bis zu diesem Zeitpunkt ständig in Windel gewickelt war. Das Wissen um die Windelfreiheit ist in einigen Ländern noch stark verbreitet.

Tibet
Ich war immer wieder erstaunt zu sehen, dass Babys in Tibet trotz großer Kälte oft nur mit einem T-Shirt oder langem Pullover bedeckt im Freien spielen. Die Genitalien und Beine sind dabei nackt. So können Babys und Kleinkinder ihren Bedürfnissen freien Lauf lassen. Sind die Kinder angezogen, erhalten sie gut saugende Yakhaare in die Hosen, um plötzliche Ausscheidungen zu binden. Ab einem dreiviertel Jahr sind viele Babys bereits auch nachts in der Lage die Ausscheidungen bis zum Morgen zu halten. Bis dahin ist der Schlafplatz vieler tibetischer Kinder mit Tierhaaren oder Fellen ausgekleidet, um eventuelle Urinausscheidungen schnell aufzufangen.

Afrika
Besonders in afrikanischen Ländern ist das Tragen mit einer selbst hergestellten Trage oder einem Tuch üblich. Das Kind verbringt sehr viel Zeit darin, während die Mutter auf dem Feld arbeitet, den Haushalt erledigt oder Einkaufen geht. Das Kind bleibt dort meist solange – wenn auch nicht die ganze Zeit über – bis es abgestillt ist, was üblicherweise erst mit dem dritten Lebensjahr der Fall ist. Erst dann verlässt es die Trage immer häufiger. Zu diesem Zeitpunkt sind die Babys längst sauber. In der Trage spürt die Mutter die Ausscheidungsbedürfnisse und kümmert sich umgehend um diese. Afrikanische Kinder sind je nach Stamm und Region ab einem halben Jahr trocken und schließlich ab einem bis spätestens zum zweiten Lebensjahr in der Regel sauber. Das intensive Tragen und Spüren des Kindes verbindet Mutter und Kind sehr stark, mit der Folge, dass die Ausscheidung eher als Nebensache erledigt wird und ganz nebenbei wunderbar funktioniert.

China
Am dritten Lebenstag feiern manche Chinesen noch heute ein Fest, bei dem das Baby abgehalten wird und die Geburtshelferin Verse für ein schnelles Sauberwerden singt.[24] Viele Chinesen, aber auch sibirische Volksgruppen, sowie die Inuit verwenden geschlitzte Hosen, Kaidongkus genannt, für ihre Babys. Die Hosen sind im Schrittbereich nicht zugenäht, so kann das Kind bei Bedarf schnell hoch gehoben und in passender Position abgehalten werden.

---

[24] Fontanel, d'Harcourt, S. 105

Jemen

Bilder von jemenitischen Babys, die in Tücher gewickelt werden, sind häufig zu sehen. Die Ausscheidungssignale werden dabei nicht immer wahrgenommen. Um die Haut der Kinder vor Feuchtigkeit und Wundsein zu schützen, werden Pflanzensäfte auf die Wickeltücher aufgetragen. Ebenso werden feiner Kameldung oder weiche Pflanzenreste zum Binden von Flüssigkeiten verwendet. Jemenitische Kinder sind dennoch oft mit eineinhalb bis zwei Jahren trocken und beherrschen die Ausscheidung meist recht zuverlässig. Hier wurden nur einige Bevölkerungsgruppen näher betrachtet. Tatsächlich wachsen noch etwa 65 Prozent aller Kinder dieser Erde ohne Windeln auf. Angefangen bei findigen Urvölkern bis hin zu hoch zivilisierten Gesellschaften, die die praktischen Vorteile der Windelfreiheit erkannt, beibehalten und weiterentwickelt haben. Die herkömmliche Babypflege ist kein Zeichen einer modernen oder entwickelten Gesellschaft, sondern eine Umgangsweise mit Kindern. Eine Wertung, ob die Babypflege mit oder ohne Windeln besser sei, liegt mir fern. Dieses Buch soll lediglich einen Überblick schaffen, denn in vielen westlichen Staaten ist die Pflege eines Kindes ohne Windeln nicht vorstellbar. Der Blick in viele andere Länder überzeugt, dass die Windelfreiheit doch klappt, auch wenn viele Menschen der Ansicht sind, die Babys seien aus physiologischen, emotionalen oder seelischen Gründen nicht reif, ab der Geburt an die Toilette herangeführt zu werden und die Ausscheidungen bewusst wahrzunehmen und zu steuern. Dieser Blick „über den Tellerrand" ermöglicht es, die Einfachheit dieser Methode noch näher kennenzulernen. Sie ist sehr leicht auf unsere westliche Situation übertragbar und auch trotz anderer klimatischer und gesellschaftlicher Voraussetzungen sehr einfach anzuwenden.

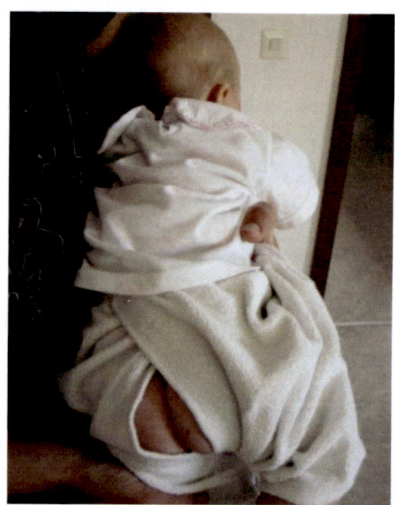

Sarah – 3 Monate

Mara – 15 Monate

Durch das Spreizen der Beinchen öffnet sich der Schlitz und die Kleidung bleibt bei der Ausscheidung trocken. Mittlerweile sind die Vorteile geschlitzter Hosen auch in Europa und in den USA erkannt worden, hier unter anderem „Splitpants" genannt. Sie sind mittlerweile in einigen Geschäften und im Onlinehandel erhältlich.

Maras Hose war von einer normalen Hose kaum zu unterscheiden.
Wollte sie ausscheiden, konnten wir sie kurzerhand abhalten,
ohne sie erst ausziehen zu müssen.

Standpunkte über die Babypflege in den Berufsgruppen

In der Geburtshilfe

Zu meiner Freude lernte ich immer wieder Hebammen kennen, die die windelfreie Babypflege nicht nur kennen, sondern auch aktiv den Frauen erläutern und anbieten. Sie sind nach der Geburt die erste Ansprechpartnerin bei Fragen rund um das Baby. Manche Hebammen stellen die Methodik der windelfreien Babypflege bereits in Geburtsvorbereitungskursen vor, während andere die Vorgehensweise im Wochenbett erklären. Sind Eltern von der windelfreien Babypflege fasziniert, können sie bereits in der Nachsorge theoretische und praktische Tipps erhalten. Je früher Eltern sich mit der Windelfreiheit beschäftigen, desto intensiver kann der Gedanke, ein Kind ohne Windeln groß zu ziehen, reifen. Somit bietet es sich an, bereits in der Schwangerschaft über das Thema „Windeln – ja oder nein" nachzudenken. Sprechen Sie doch einfach auch mit Ihrer Hebamme darüber!

Westliche Medizin und Krankenpflege

In der Medizin spielt die physiologische Reife des Kindes die Hauptrolle für den Beginn des Töpfchentrainings. Der innere Schließmuskel kann ohne besondere Übung nicht willentlich – der äußere Schließmuskel kann willentlich gesteuert werden. Erst wenn die bewusste Steuerung zur Öffnung und Schließung des äußeren Muskels funktioniert, sei ein Kleinkind reif, sauber zu werden. Es wird angenommen, dass die Babys ihre äußeren Schließmuskeln nicht vor dem zweiten Geburtstag kontrollieren können. Erst dann sei ein sinnvolles und erfolgreiches Sauberkeitstraining möglich. Der Blick der klassischen Schulmedizin ändert sich langsam durch die zunehmende Beeinflussung von naturheilkundlichen Strömungen, sodass sich auch alternative Denkansätze und Methoden etablieren und nicht die reine Physiologie im Vordergrund steht.[25] Die Gesundheits- und Kinderkrankenpflege orientiert sich sehr stark an den Annahmen der Schulmedizin. Während einer Krankheitssituation treten diese Fertigkeiten allerdings in den Hintergrund und die Gesundwerdung hat hier höchste Priorität.

> Bei einem Krankenhausaufenthalt mit meiner Tochter wurde zu meiner Überraschung die Eigenschaft schon selbstständig auf den Topf zu gehen, geachtet, obwohl sie die physiologischen Fertigkeiten gemessen an ihrem Alter nach Ansicht der Ärzte noch nicht haben konnte. Trotz einschränkender Gesundheitsprobleme konnten wir die Windelfreiheit überwiegend anwenden, ohne dass es für mich oder mein Kind in dieser speziellen Situation belastend gewesen wäre.

---

[25] (Wehner, Medizinfo).

DIE AUSSCHEIDUNG

Die Ausscheidungsorgane

Um die frühkindlichen Fähigkeiten des Babys erkennen zu können, sind einige Grundkenntnisse in der Physiologie des Kindes hilfreich. Durch dieses Wissen können Sie die Fertigkeiten des Kindes adäquat anwenden. Wenn Sie verstehen, dass das Neugeborene meist beim Trinken und einige Minuten später urinieren muss, dann können Sie auch entsprechend handeln. Durch die Versorgung des Babys mit Windeln ist der genaue Einblick in die Anatomie der Ausscheidungsorgane in den Hintergrund gerückt – ohne Windeln ist es jedoch gut sichtbar.

Die Blase
Das Baby trinkt an der Mutterbrust oder erhält die Nahrung über eine Flasche. Die aufgenommene Flüssigkeit gelangt über den Magen in den Darm. Über die Darmschleimhaut wird die Flüssigkeits- und Nährstoffmenge ins Blut aufgenommen. Das Blut wird vom Herzen durch den ganzen Körper geführt. Dieses fließt im ständigen Kreislauf durch alle Organe, infolgedessen täglich hunderte Male durch die Nieren. Nach der Blutreinigung in den Nieren entsteht letztendlich der Urin, den der Mensch mehrmals täglich ausscheidet. In der Blase, einem Hohlorgan, wird der Urin gesammelt, bis über Nerven ans Gehirn gemeldet wird, dass die Blase voll ist. Ein windelfreies Baby hat gelernt, dem Harndrang nicht sofort nachzugeben, sondern die baldige Ausscheidung rechtzeitig zu spüren und anschließend mitzuteilen. Beim Abhalten gibt das Kind dem Druck nach und scheidet gezielt aus. Das normale Fassungsvermögen einer Neugeborenenblase fasst 10-30 Milliliter. Das Blasenvolumen erhöht sich, sodass auch die Miktionsabstände größer werden. Das steigert sich bis zum Erwachsenenalter auf circa einen halben Liter. Spätestens dann ist der Harndrang so groß, dass ausgeschieden werden muss. Ein Baby lernt durch Kontrollieren der Schließmuskeln die Blasen- und Darmfunktion selbst zu steuern. Dadurch hat es die Fertigkeit die Blase komplett zu entleeren, unabhängig vom Füllstand. Die Fähigkeit, die alle Babys bereits von Geburt an haben, wird genutzt und in den ersten Wochen ausgereift. Wickelkinder verlernen die natürlichen Instinkte spätestens bis zum halben Jahr, wenn sie nicht beachtet werden. Im Kleinkindalter müssen diese wieder mühsam wieder entdeckt werden.

Der Darm
Der Darm wird in verschiedene Abschnitte geteilt, die unterschiedliche Aufgaben in der Nahrungsspaltung, Nährstoffaufnahme und Wasserrückresorption haben. Der Dünndarm hat unter anderem die Funktion, die Nahrung in seine Einzelbestandteile aufzuspalten. Die Nährstoffe werden in die Blutbahn aufgenommen. Die unverdaulichen Stoffe werden nach der Flüssigkeitsresorption im Dickdarm über den Mastdarm ausgeschieden. Anfangs kann ein Baby noch bei jeder oder jeder zweiten Mahlzeit ausscheiden, was sich im Laufe der Wochen stark reduziert auf etwa einmal täglich. Die Stuhlausscheidung des Menschen funktioniert über zwei Schließmuskel, wobei der innere unwillkürlich und der äußere willkürlich ist.

Dehnungsrezeptoren melden bei gefülltem Mastdarm, dass bald eine Stuhlausscheidung stattfinden soll. Der Mensch spürt den Reiz und handelt normal umgehend auf diesen Impuls. Befindet sich gerade keine passende Gelegenheit, den Darm zu entleeren, kann der Stuhl auch für kurze Zeit zurückgehalten werden – es ist also eine bewusste Entscheidung des Menschen für ein Loslassen. Auch Neugeborene spüren diesen Reiz, geben ihm auch sehr bald nach und öffnen bewusst den äußeren Schließmuskeln. Meine Beobachtungen mit windelfreien Babys zeigen ganz eindeutig, dass Babys bereits als Säuglinge bewusst ausscheiden und auch schon eine gute Kontrolle über ihre Schließmuskeln besitzen.

> Wenn ich merkte, dass meine Kinder ausscheiden mussten, nahm ich sie hoch, trug sie zum Töpfchen, zog sie aus, gab ihnen das Signal und hielt sie ab. Bis dahin vergingen zuweilen mal wenige Minuten. Beide Kinder gaben klare Signale über den Ausscheidungsdrang und schieden fast immer erst dann aus, als wir sie passend abhielten.

Bei manchen windelfreien Kindern funktioniert die gezielte Urinausscheidung gut, die Stuhlentleerung über der Toilette oder Töpfchen nicht. Geben Sie Ihrem Kind die Zeit und immer wieder den Hinweis auf den Ausscheidungsort, so kann sich ihr Kind leichter darauf einstellen.

Schweißdrüsen

Schon kleine Babys können zur Regulation der Körpertemperatur etwas schwitzen, wobei sich die Schweißdrüsen im Laufe der Jahre weiter entwickeln. Vermehrtes Schwitzen hat die Folge, dass der Urin konzentrierter und der Durst größer wird. Über diese Parameter kann der Flüssigkeitshaushalt bei der natürlichen Babypflege sehr gut beurteilt werden, da der Urin nicht in der Windel verschwindet, sondern im Topf oder Toilette sichtbar wird. Ist der Urin sehr konzentriert, sollte vermehrt Flüssigkeit zugeführt werden. Eine Beurteilung des Flüssigkeitshaushalts ist bei gewickelten Kindern schwieriger, da die Windel erst gewogen werden muss, um die genaue Ausscheidungsmenge erkennen zu können. Die Konzentration des Urins ist auch dann nur schwer beurteilbar, da die Farbe nicht mehr erkennbar ist.

Die Ausscheidungsprodukte

Der Urin
Der Urin besteht etwa zu 95 Prozent aus Wasser. Die restlichen 5 Prozent sind gelöste Stoffe:
- Harnsäure (Stoffwechselendprodukt)
- Harnstoff (Eiweißendprodukt)
- Kreatinin (Überreste des Muskelstoffwechsels)
- Salze, Phosphate und Säuren
- Urobilinogen (Endprodukt des Gallenfarbstoffs)
- in Spuren Hormone, Vitamine

Urinbildung – Tag und Nacht
Ein Erwachsener scheidet abhängig von der Nahrung täglich etwa 1,5 Liter Urin aus – Neugeborene, Babys und Kleinkinder entsprechend weniger. Die größte Menge des Urins wird während des Tages produziert und ausgeschieden, auch wenn nachts Flüssigkeit zu sich genommen wird (Stillen, Flasche). Die Niere hat durch das Hormon ADH (Antidiuretisches-Hormon) die Fähigkeit, den Urin nachts zu konzentrieren, um ein nächtliches Wasserlassen mit häufiger Unterbrechung der Nachtruhe zu vermeiden. Babys produzieren in ihren Nieren das Hormon ADH in noch geringerer Dosis, sodass sie abhängig von der Trinkmenge untertags ähnlich viel Urin produzieren wie nachts. So scheiden Babys, die auch noch öfters nachts trinken, mehrmals nachts aus. Nach dem ersten Lebensjahr nimmt die Häufigkeit ab. Kinder und viele Erwachsene müssen durch die Bildung von ADH nachts nicht auf die Toilette. Bei geringerer Urinmenge, die durch die Konzentrierung stattfindet, lernen Babys auch einem kleinen Druck in der Blase nicht sofort nachzugeben, sondern sich zu äußern. Scheidet man am Morgen den nächtlichen Urin aus, ist dieser gelblicher gefärbt als der Tagesurin.

In den ersten sechs Monaten war der Urin meiner Tochter relativ klar. Danach begann sich der Morgenurin leicht gelblich zu färben. Zu diesem Zeitpunkt war der Körper nun in der Lage, den Urin nachts besser zu konzentrieren. Die Häufigkeit des nächtlichen Wasserlassens nahm auch deutlich ab. Sie schied zunächst bei jedem Stillen aus und dann nur noch ein- bis zweimal nachts. Mit Windeln wäre mir dieses Phänomen nie bewusst geworden und ich bin dankbar, dass ich sofort merken konnte, ob meine Tochter mehr oder weniger Flüssigkeitsbedarf hatte.

Stuhl
Im Darm wird der Kot produziert, der folgende Bestandteile enthält:
- Je nach Art der Nahrung etwa 75 Prozent Wasser
- Nahrungsreste inklusive Ballaststoffe
- Alte, abgestoßene Zellen der Darmschleimhaut und Schleim
- Gallenfarbstoff
- Bakterien

Stuhlgang – Tag und Nacht
Die Stuhlausscheidung hängt zeitlich oft mit der Nahrungsaufnahme zusammen. Viele Menschen essen und spüren kurze Zeit danach einen Ausscheidungsdrang. Erwachsene scheiden etwa einmal täglich Stuhl aus. Nächtliches Defäkieren ist dagegen sehr selten. Neugeborene scheiden in den ersten Lebenswochen auch noch nachts Stuhl aus, der besonders bei Stillkindern eher flüssig bis breiig ist. Nach ein paar Wochen stellt sich ein Rhythmus bei der Ausscheidung ein und die Babys haben nur noch tagsüber Stuhlgang. Spätestens bei einer Gabe von Beikost scheidet das Kind nachts meist keinen Stuhl mehr aus. Ausnahmen sind Krankheitssituationen wie Zahnen oder Durchfälle. Die windelfreie Babypflege eignet sich nachts sehr gut, wenn die Kinder auch Stuhl ausscheiden wollen, denn die Exkremente werden direkt in die Toilette oder Schüssel abgegeben. Die Haut im Genitalbereich kommt mit den Ausscheidungen fast nicht in Berührung, sodass Sie die Haut falls nötig sehr schnell reinigen können. Sie ersparen sich nachts ein langes Wickeln und das Säubern der Babyhaut und der Genitalien von Kotresten.

Unsere drei Kinder schieden nur die ersten vier Wochen nachts Stuhl aus. Lediglich beim Zahnen meldete sich manchmal noch Stuhl an. Meine zweite Tochter nannte mir dann das Signalwort und so wusste ich, dass ich mich auf größere Geschäfte einstellen konnte, was sehr selten vorkam. Interessant fand ich es auch, dass sie im Halbschlaf sofort wusste, ob sie nun Urin oder Stuhl ausscheiden musste und mir auch passend signalisierte. Zu dem Zeitpunkt war sie gerade mal ein Jahr alt und zeigte mir durch ihre Gesten und Laute den Stuhldrang.

Häufigkeit der Ausscheidung

Zu Beginn der windelfreien Methode fragte ich mich, wie oft ich denn meine Tochter nun abhalten soll. Obwohl ich schon ein Kind hatte, konnte ich die Frage nicht beantworten. Aufgrund der großen Saugfähigkeit von Windeln wusste ich zwar, dass die Windel alle paar Stunden zu wechseln war, aber wie oft ein Baby während der Zeit ausschied, wusste ich nicht. So war ich nicht wenig erstaunt, dass Neugeborene gerade nach dem Stillen alle 10 bis 30 Minuten ausscheiden konnten. Im Wochenbett war ich die ganze Zeit über mit meiner Tochter in unmittelbarer Nähe zusammen. Schon dort konnte ich die Anzeichen lernen. Bereits ab dem zweiten Lebensmonat nahm die Häufigkeit langsam ab und mit einem halben Jahr schied sie beim Stillen, etwa 20 Minuten nach der Nahrungsaufnahme, und dann meist erst wieder bei der nächsten Mahlzeit Urin aus. Als Mutter oder Vater werden Sie sehr schnell ein Gefühl für die Häufigkeiten der Ausscheidungen entwickeln und Ihr Kind zeitnah abhalten können.

HIER HABEN SIE EINEN ÜBERBLICK ÜBER DIE UNGEFÄHRE HÄUFIGKEIT DER URINAUSSCHEIDUNG

Alter	Miktionshäufigkeit pro Tag	Miktionshäufigkeit pro Nacht	Menge pro Miktion in ml
Neugeborene	15-20	2-4	5-15
Säuglinge bis 3 Monate	10-15	2-3	15-50
3-6 Monate	8-15	1-2	30-60
6-12 Monate	7-12	1-2	50-90
Ab einem Jahr	5-10	0-2	70-150
Ab dem Schulalter	5-10	0	100-250
Jugendliche	5-10	0	200-300
Erwachsene	5-10	0-1	250-500

Getrennte Stuhl- und Harnausscheidung
Eine interessante Beobachtung werden Sie bei Ihrem windelfreien Baby erleben. Während Erwachsene bei der Entleerung oft Stuhl und Urin gleichzeitig ausscheiden, findet es bei Babys meist getrennt statt.

> Unsere Kinder signalisierten, dass es mal wieder Zeit zum Abhalten wäre. Sie öffneten den Blasenschließmuskel und der Urinstrahl kam. Einige Minuten später meldeten sie sich wieder und des Öfteren dachten wir uns, dass die Blase nicht schon wieder gefüllt sein kann. Ganz klar spürten sie, dass nun auch der Darm entleert werden sollte. Je älter sie wurden, desto klarer signalisierten sie uns auch, was denn nun auszuscheiden sei. Ganz bewusst öffneten sie dabei die betreffenden Muskeln. Manchmal schieden sie zuerst Urin aus, beim nächsten Mal war es umgekehrt. Gleichzeitig kam es jedoch erst etwa ab dem zweiten Jahr. Am Gesichtsausdruck konnte man schon mit wenigen Monaten erkennen, was sich nun ankündigte. Bei der Stuhlausscheidung wirkten die Blicke konzentrierter und angestrengter. Manchmal zeigte sich auch mehr Farbe im Gesicht. So erkannten wir bereits vor dem Signalisieren ihre bevorstehenden Bedürfnisse.

Die einzelnen Schließmuskeln öffnen sich bei der Entleerung und schließen sich unmittelbar danach wieder. Durch das Abhalten und getrennte Ausscheiden von Stuhl und Urin kommen die Genitalien nicht in Berührung mit den Produkten, was eine Keimverschleppung sowie ein Verschmieren von Stuhl und Urin in den Genitalien verhindert.

In der Windel dagegen haften Urin und Stuhl unmittelbar an den Ausführungsgängen von Blase, Darm und Vagina bei den Mädchen. Eine Verbreitung von Keimen ist hier viel schneller gegeben.

DIE WINDEL

In Deutschland werden jedes Jahr 2,5 bis 3,0 Milliarden Einmalwindeln verwendet und entsorgt. Das entspricht pro gewickeltem Kind etwa einer Tonne Windelmüll. Alternativ zu den Wegwerfwindeln werden Stoffwindeln und Einlagen genutzt, die die Müllberge nur bedingt belasten, jedoch Wasser-, Strom- und Waschmittelverbrauch durch die Reinigung erhöhen. Die Kosten für den Erwerb der Windeln belaufen sich auf etwa 500 Millionen Euro – Müllgebühren sind nicht berücksichtigt.[26] In der Lernphase der Windelfreiheit benötigen Sie vielleicht sogar mehr Einlagen oder Windelhöschen, weil Sie öfters wickeln als bei herkömmlicher Vorgehensweise. Auch so manche zusätzliche Hose oder Einlage beim Übergang zur kompletten Windelfreiheit fällt an. Der anfängliche Mehraufwand relativiert sich nach sehr kurzer Zeit, sodass nach einigen Monaten kaum mehr Wäsche anfällt als für ein Kleinkind üblich ist. Nach der Lernphase fallen Wegwerf- oder Stoffwindeln komplett weg, was sowohl den Waschaufwand als auch die laufenden Kosten nimmt.

> Bei unserem Sohn hatten wir bereits ab der sechsten Lebenswoche geringere Mengen an Windeln. Etwa vier Wochen später, als er schon deutlich mehr Intervalle ohne Windeln hatte, war auch die Wäschemenge, die durch Pannen verunreinigt wurde, auf ein Minimum reduziert, da die Zusammenarbeit zwischen uns stimmiger wurde. In der Übungsphase kann Ihnen jedoch so manche Einlage und Windel helfen.

Stoffwindeln

Die Geschichte der Stoffwindel

Bereits in der Bibel finden sich Passagen wie „in Windeln gewickelt werdet ihr Jesus in einer Krippe auf Heu und Stroh finden". In welche Art Windeln oder Tücher Jesus gewickelt wurde, lässt sich nicht mehr nachvollziehen. Tücher, wie wir sie kennen, waren es sicher nicht. Er war aber offenbar in Heu und Stroh gebettet: beide Materialien wurden viele Jahrhunderte verwendet, um ein Kind weich zu lagern. Noch heute verwendet man beide Stoffe in der Tierhaltung, da die positiven Eigenschaften (weich und saugfähig) sich bewährt haben.

Das Thema Sauberkeit und Wickeln ist seit jeher ein Thema in der Kindererziehung. Dennoch sind die Überlieferungen aus früherer Zeit sehr spärlich, da Kindererziehung inklusive des Ausscheidungsverhaltens häufig als eine Selbstverständlichkeit angesehen wurde. Jahrhundertelang gab es kaum Werke und Dokumente. In indischen Schriften findet man Zeichnungen von Frauen, die ihre Kinder auf den Unter-

---

[26] www.rabeneltern.org

schenkeln setzten oder an der Hüfte trugen und diese bei Bedarf abhielten. Auch in alten chinesischen Überlieferungen ist die Rede von der natürlichen Babypflege.[27]

Obwohl die Tuchherstellung im Mittelalter einen großen Stellenwert hatte, war der Erwerb von Stoffen sehr teuer. Neue Tücher für die alleinige Verwendung von Windeln waren unvorstellbar. Stoffreste und alte verbrauchte Tücher wurden zu Windeln genäht und an die Kinderpopos angepasst. Die Saugfähigkeit der Windeln war damals sehr gering, sodass die Windeln nach einmaligem Ausscheiden bereits nass waren. Im Laufe der Jahrhunderte verbesserten sich aber sowohl die verwendeten Materialien als auch die Wickeltechniken, um dem Kind ein trockenes Gefühl bei gleichzeitiger Bewegungsfreiheit zu gewähren.

Wie wurden die Babys versorgt? Nackt oder mit Naturmaterialien?

Während sich eine Mutter heute neben der windelfreien Methode auch an allerlei Windelprodukten im Handel bedienen kann, war es der Menschheit die meiste Zeit über nicht möglich, fertig hergestellte Produkte zu bekommen. Die Mütter bedienten sich überwiegend an dem, was die Natur ihnen bot. In kalten Regionen wurden die Kinder anfangs mit Blättern bestimmter Pflanzen, Moosen, Gräsern, Fasern und Heu gewickelt. Später kamen Materialien wie Schafwolle, Leinen, Baumwolle, Leder oder Tierfelle hinzu. Diese wurden manchmal in Öle oder Wachse getränkt, um ein Auslaufen zu mindern. Ein wichtiger Faktor für die Art, wie Kinder damals gewickelt wurden, war also die ausreichende Verfügbarkeit bestimmter Materialien. In keinen dieser Kulturen wurde jedoch lange gewickelt. Die spärlichen Überlieferungen zeigen lediglich Babys und junge Kleinkinder.

In wärmeren Gegenden wurde oft gänzlich aufs Wickeln verzichtet. Anfangs wurden saugende Naturmaterialien in die Liegebereiche der Kinder gelegt. Ab dem Laufalter spielten die Kinder die meiste Zeit im Freien, was ein Sauberwerden beschleunigte. Von den Walliser Frauen weiß man, dass sie Schafwollhöschen strickten, die sie mit einer Schicht Stroh und Heu füllten und so dem Kind anzogen. Das ergab ein dichtes, aber luftdurchlässiges Wickelpaket und bot den Vorteil, dass das Schafwollhöschen nicht nach jedem Gebrauch gewaschen werden musste.[28] Eltern und Großeltern gaben ihr Wissen an ihre Kinder weiter, sodass sich die für die bestehende Lebenssituation beste und effektivste Vorgehensweise durchsetzte.

Wie funktioniert die Stoffwindel heute?

Von der damaligen Idee inspiriert und mit modernen Verfahren sind die Stoffwindeln heute sehr ausgefeilt und ein Auslaufen wie früher ist heute bei richtiger Anwendung kaum mehr gegeben. Sie bestehen aus Baumwolle, Schurwolle, Seide oder Vlies. Sie sind in den verschiedensten Größen, Farben, Formen und Ausführungen, mit und ohne Kunststoff erhältlich. Auch sind viele Hersteller dazu übergegangen häufig unbehandelte, biologische Stoffe zu verwenden, mit der Folge, dass sich mehr Eltern wieder auf das Wickeln mit Stoff einlassen. In den allermeisten Wegwerfwindeln sind dagegen eine große Anzahl chemischer Stoffe enthalten, die ständig Kontakt zur Haut haben und leider sehr oft in Verbindung mit Feuch-

---

[27] Fontanel, de Harcourt
[28] Gilomen

tigkeit Ausschläge und Kontaktallergien auslösen. Die Gefahr von Hautirritationen ist bei der Verwendung von Stoffwindeln deutlich geringer. Stoffwindeln gibt es in den unterschiedlichsten Varianten und Ausführungen, die jedoch nach einem ähnlichen Grundprinzip funktionieren (Saugkern und Nässeschutz). Heutige Stoffwindelsysteme sind in ihrer Anwendung oft sehr praktisch und ebenso rasch zu wechseln wie Einmalwindeln.

Die Hauptbestandteile einer Stoffwindel:
Saugkern
Der Saugkern besteht aus Baumwolle, Wolle und manchmal auch aus Kunststoff. Er sorgt dafür, dass die Flüssigkeitsmengen von Stuhl und Urin aufgesaugt werden und die Haut möglichst lange geschützt wird.[29] Es gibt sehr unterschiedliche Windelsysteme, sodass Form und Aussehen des Saugkerns sehr variieren kann. Während die einen Materialien von alleine halten, indem sie gebunden oder mit Klett oder Druckknöpfen befestigt werden, bedürfen andere Windeln einer Überhose als Halt. Je älter das Kind wird, desto größer ist auch die Ausscheidungsmenge. So können neben größeren Saugelementen weitere Einlagen hinzugefügt werden. Stoffwindeln finden, besonders auch bei Eltern, die die natürliche Babypflege anwenden, zu Beginn große Beliebtheit.

Überhosen zum Nässeschutz
Die nächste Komponente über dem Saugkern stellt eine Überhose dar, die die Windel nicht nur besser zusammenhält, sondern auch ein Auslaufen der Windel verhindert. Die Überhosen können durch Klettverschlüsse geschlossen werden oder es handelt sich um bereits festgenähte Hosen. Die Überhose kann mehrmals verwendet werden, sofern sie nicht verschmutzt ist. Die Überhosen sind in unterschiedlichen Materialien erhältlich. Es gibt Windelsysteme auf der Basis von Schurwolle, Vlies oder Mikrofaser, die alle mehr oder weniger gute Saug- und Hautverträglichkeitseigenschaften aufweisen. Aber es sind auch Höschen aus Kunststoff oder Gummi erhältlich, die einen Hitzestau wegen fehlender Saugfähigkeit erzeugen können und Hautirritationen und Reizungen stark fördern.[30] Überhosen bei kompletten All-in-one-Systemen entfallen, da Saugkern und Überhose zusammengenäht sind und bei Verschmutzungen jedoch komplett erneuert werden.

Vlies
Die Vlieseinlagen werden auf den Saugkern gelegt und binden grobe Verschmutzungen in der Windel. Sie saugen auch zum Teil Flüssigkeiten aus dem Stuhl auf und halten die Babyhaut etwas länger trocken. Vliese sind entweder als Papier- oder Zellstoffvariante erhältlich. Ebenso eignen sich hier speziell gefertigte Stoffeinlagen, die gewechselt werden können.[31]

---

[29] Meihöfer
[30] Meihöfer
[31] Schachtner, Meihöfer

Einmalwindeln

Die Geschichte der Einmalwindel
1940 Firma Paulisröm Bruk: Erste Zellstoffverwendung mit Gummihose
1946 Marion Donovan: Stoffwindel mit Plastikummantelung, hergestellt aus einem Duschvorhang
1947 Georg Schroder: Vliesstoff für Einmalwindeln
1949 Victor Mills: erste Einmalwindeln von Procter & Gamble in den USA a.d. Markt (Pampers)
1973 Erste Einmalwindeln nach Deutschland importiert
1974 Erste Einmalwindeln in Deutschland produziert
Seither ständige Anpassung der Inhaltsstoffe der Windeln

Einmalwindeln heute
Einmalwindeln gab es anfangs nur in kleinen Stückzahlen und sie waren auch noch relativ teuer, sodass sie nur zu besonderen Anlässen wie Ausflügen oder Urlaub benutzt wurden. Obwohl die Windeln zuerst noch aufgrund des großen Zellstoffvolumens schwer und dick waren, etablierten sich die Windeln schnell. Die Packungen wurden größer und die Hersteller bemühten sich, den Bedürfnissen der Eltern und Kinder gerecht zu werden. Der natürliche Zellstoff wurde durch chemische Substanzen ersetzt, was die Windel dünn und sehr saugfähig machte.

Heute schätzen viele Eltern die Praktikabilität der Wegwerfwindel, was anhand der Verkaufszahlen deutlich sichtbar wird. Es sollte jedoch nicht vergessen werden, dass ein Windelhersteller umso mehr profitiert, je länger das Kind Windeln trägt. Insofern ist es nicht verwunderlich, dass die Werbung und die Empfehlungen der Hersteller für ein angemessenes Sauberkeitstraining sehr spät beginnen. Procter & Gamble, die Hersteller von Pampers, besitzen in Deutschland einen Marktanteil von 60 Prozent. Die Hausmarke „babylove" von dm nimmt immerhin noch 15 Prozent im deutschen Markt ein.[32] Weltweit gesehen ist Procter & Gamble weiter auf dem Vormarsch und verdrängt gemeinsam mit den anderen Herstellern durch geschicktes Marketing die bewährten Techniken der windelfreien Babypflege und somit auch Bestrebungen, Kinder ihren natürlichen Fähigkeiten entsprechend sauber zu bekommen.

Die Hauptbestandteile einer Wegwerfwindel
Vor 40 Jahren war eine Windel noch relativ schwer und unbequem, da sie aus dicken Zellstoffschichten bestand und die Kinder beim Laufen eher behinderte. Das erkannte die Industrie und verbesserte die Produkte stetig. Damals wog eine trockene Wegwerfwindel circa 60-80 Gramm, während sie heute nur noch etwa die Hälfte wiegt. Der Hauptbestandteil dieses Produkts ist der Saugkern, der etwa 70 % des Gewichts beträgt. Nachdem die Windel immer höheren Anforderungen wie Leichtigkeit und Bequemlichkeit bei maximaler Saugfähigkeit und Verträglichkeit standhalten muss, testet die Industrie verschiedene

---
[32] WirtschaftWoche Online, www.wiwo.de

Inhaltsstoffe aus. So veränderten sich die verarbeiteten Produkte ständig und der Zellstoff wird zunehmend durch Superabsorber ersetzt.

Zellstoff

Der Grundstoff des Zellstoffes wird aus Holz gewonnen, welcher mittels verschiedener Arbeitsschritte weiter verarbeitet wird, bis schließlich die gewünschte Zellulose entsteht. Diese wird als Flocken oder Fasern in die Windel eingearbeitet, welche die Feuchtigkeit beim Ausscheiden des Babys binden. Ist die Windel voll, wird der aufwendig gewonnene Zellstoff in den Müll entsorgt. Mittlerweile bestehen viele Windeln nicht mehr aus Zellstoff. Ein zu großer Rohstoffverbrauch, zu hohe Verarbeitungskosten und das relativ hohe Gewicht des Zellstoffs ließen Entwickler nach Alternativen suchen. Daher verschwindet der Zellstoff zu Gunsten von Superabsorbern zunehmend aus herkömmlichen Windeln. Der Zellstoff wird aber in Biowindeln noch großzügig verwendet.

Superabsorber

Superabsorber sind schwach vernetzte unlösliche Polymere, die in der Lage sind, ein Vielfaches ihres Gewichts an Wasser oder wässriger Lösung aufzunehmen. Dabei quellen sie stark auf, es entsteht ein Hydrogel.[33] Superabsorber bestehen aus großen, langkettigen Molekülen, die untereinander über chemische Brücken verbunden sind. Sie bilden ein dreidimensionales Netz – und in dieser Struktur können sich Wassermoleküle anbinden. Den Hauptbestandteil bildet die Polyacrylsäure, deren negativ geladene Molekülgruppen das Wasser aus dem Urin anziehen und festhalten.[34] Die guten Saugeigenschaften von Superabsorbern nutzte man früher in der Industrie zum Binden von großen Flüssigkeitsmengen. In den 1990-igern setzte man die Superabsorber auch in Babywindeln ein, da sie enorme Urinmengen halten können, ohne dass das Baby ein starkes Nässegefühl spürt. Das Speichervermögen von Superabsorbern beträgt bei entsalztem Wasser bis zum 100-fachen des eigenen Gewichts, bei Urin ist es aufgrund des Salzgehaltes geringer, jedoch immer noch das 30- bis 40-fache. Eine Windel enthält im Schnitt 13 Gramm Superabsorber, die somit rein rechnerisch etwa 400 Gramm Urin aufsaugen können. Erst danach ist die Windel „nass". Dies ist gerade bei kleinen Babys bereits ein großer Anteil des Tagesvolumens. Hinzu kommt noch die Flüssigkeitsmenge im Stuhl, der besonders in den ersten Monaten noch recht hoch ist und normalerweise ebenso in der Windel verschwindet. Zellstoff hingegen kann nur etwa die vierfache Menge seines Eigengewichtes an Urin aufnehmen. Eine weitere Chemikalie auf der Oberfläche des Superabsorbers bewirkt, dass sich die Poren der einzelnen Absorberpartikel unter Druck schließen. Nasse Superabsorber, die sich in eine gelartige Substanz verwandelt haben, halten die Flüssigkeit auch bei starken Druckeinwirkungen von außen und die Windeln laufen nicht aus.[35] Das hat aber den Nachteil, dass das Kind eher durch Volumenzunahme merkt, dass die Windel voll ist und es bereits zu Bewegungseinschränkungen kommt, bevor es ein Nässegefühl bemerkt. Früher wurde ein Kind gewickelt, weil es nass war. Das ver-

---

[33] Wurdack
[34] Bach, Rams
[35] Bach, Rams

meintliche Trockenheitsgefühl, das laut Werbung bis zu 12 Stunden anhält, verleitet Eltern dazu, nicht mehr so häufig zu wickeln. Es sollte aber nicht vergessen werden, dass es sich um Ausscheidungsprodukte handelt, welche nicht stundenlang an der Haut der Kinder haften sollten. Trotz guter Saugeigenschaften der Superabsorber können neben Bewegungseinschränkungen auch Hautreizungen, Rötungen, Ausschläge und Hautdefekte auftreten. Die Folgen dieses chemischen Cocktails auf die Haut und den gesamten Körper werden allerdings durch unabhängige Institute wenig geprüft.

Vliese aus Polypropylen oder Polyethylen
Polypropylen und Polyethylen sind Kunststoffe, die ähnlich wie Textilfasern gefertigt wurden. Die eingearbeiteten Kunststoffe leiten die Flüssigkeitsmengen aus Urin und Stuhl gezielt zu den Superabsorbern. Die Hersteller garantieren eine Dichtigkeit und Auslaufschutz auch bei mehrmaligem Urinieren und Defäkieren. Der verwendete Kunststoff verhindert allerdings eine gute Durchlüftung der Haut und bildet trotz gut saugender Superabsorber ein feuchtwarmes Hautmilieu, das Hautreizungen und Keimvermehrung fördert.

Stoffwindel, Einmalwindel oder doch ohne?

Viele Eltern überlegen lange, mit welchen Materialien sie ihr Kind in den kommenden Jahren wickeln sollen. Aus unterschiedlichen Motivationen heraus, begonnen bei ökologischen Vorlieben, Neigungen zu Allergien und Hautreizungen oder aus Kostengründen, entscheiden sich Eltern anstatt der meist üblichen Wegwerfwindeln für Stoff. Die Entscheidung wird in der Hoffnung getroffen, dass die gewünschte Wirkung wie eben verbesserte Hautsituation oder Schonung der Umwelt dann auch wirklich eintritt. Die Windelfreiheit geht noch einen Schritt weiter. Sie sucht keine Materialien, die möglichst wenige Allergien auslösen, noch besonders umweltfreundlich sind. Sie nutzt die Natur, sie erkennt die Potentiale des Babys, nimmt sie entsprechend an und fördert sie.

In der Lernphase nutzen viele Eltern windelfreier Babys Windeln – manchmal aus Stoff, manchmal auch Wegwerfprodukte. Die Bestrebung liegt aber in einem baldigen Weglassen der Hilfsmittel, sobald sich Mutter und Kind aufeinander eingestellt haben. Während anfangs oft noch komplette Windelsysteme verwendet werden, bedienen sich im Laufe der Wochen immer mehr Eltern nur noch einfacher Saugmaterialien, die in die Unterhose gelegt werden und kleine Urinmengen auffangen können. Sie beeinträchtigen aber die Körperwahrnehmung und Bewegungen des Kindes nicht so stark. Nachdem Eltern und Kind eingespielt sind, entfernen die meisten auch die letzten Hilfsmittel.
Die Dauer der Windelnutzung variiert sehr und liegt in der natürlichen Babypflege bei wenigen Wochen bis zu zwei Jahren. Oft sind es auch nur bestimmte Zeiten, in denen das Kind Windeln trägt wie zum Beispiel bei einer Fremdbetreuung. Zudem nutzen Eltern die Windeln auch bei Entwicklungsschüben, Krankheit oder Trotzphasen. Seien Sie also ganz frei und mutig, die Hilfsmittel zu nehmen, die Ihnen die

Umsetzung der Windelfreiheit erleichtern. Bei der Entscheidung für die Windelfreiheit werden Sie sicher Gegenwind spüren und mit allerlei Argumenten konfrontiert. Einige Punkte habe ich hier aufgeführt, die jedoch in der Praxis mit einem Baby durchweg entkräftet werden könnten.

Vorurteile

gegenüber der windelfreien Vorgehensweise

Wir starteten mit dem Topftraining in unserem eigenen Wohnbereich. Nach kurzer Zeit hielt ich unsere Kinder auch dann ab, wenn wir unterwegs waren. Das wurde natürlich von anderen beobachtet und ich wurde immer wieder gefragt, was ich denn nun mit meiner wenigen Wochen alten Tochter bzw. meinem Sohn in einer Toilette machte und wurde auf einen Wickelbereich hingewiesen. Die Vorstellung, dass diese kleinen Kinder in die Toilette ausscheiden konnten, war für viele unvorstellbar. Im Laufe der Wochen und Monate erlebte ich unterschiedliche Reaktionen auf die Methode. Ich war überrascht, wie viele Meinungen in der Gesellschaft über das Thema Wickeln und Sauberkeit eines Kindes vorherrschen.

Einige Gedanken habe ich hier aufgegriffen:

Es geht doch gar nicht
Oft sah ich völlig erstaunte Gesichter, als ich mit meiner Tochter auf die Toilette ging oder sie abhielt. Erst als jene Beobachter selbst sahen oder hörten, dass sie sich nach dem Signalton entspannen und loslassen konnte und der Topf gefüllt war, wurde so manche Meinung revidiert. Ich versuchte zu erklären, dass 65 Prozent aller Babys ohne Windeln aufwachsen und die Mütter aber nicht ständig ihren Kindern hinterher putzen, sondern auf ihre Kinder hören. Das hatte manchmal Kopfschütteln, aber auch Bewunderung zur Folge.

Eigenen Horizont erweitern
Als ich mich zu einem Vortrag über windelfreie Babypflege entschlossen hatte und meine Bewerbungsunterlagen an die zuständige Einrichtung schickte, erhielt ich als Antwort, dass eine liebevolle Windelfreiheit gar nicht funktionieren kann. Dennoch erhielt ich die Berechtigung für den Vortrag. Einige Wochen später erfuhr ich, dass die Leitung ebenfalls Windelfreiheit propagierte und sich nun um die Methode bei Ihrem eigenen Kind bemühte

Viel mehr Arbeit und ständiges Beobachten
Eltern, die die windelfreie Babypflege nicht kennen, stellen sich die Durchführung sehr anstrengend vor. Sie glauben, das Kind ständig beobachten oder hinter dem Kind her putzen zu müssen. Beides trat in keinster Weise auf. In den ersten Monaten baute ich zu meinen Kindern eine intensive Nähe auf und ich entkleidete sie auch manchmal vergebens, bis wir ein eingespieltes Team waren. Spätestens ab dem Zeit-

punkt, als die Interaktion ausgereift war, fand ich die windelfreie Methode entspannter als alle paar Stunden die Haut von Urin und Kotresten zu reinigen. Eine Mutter berichtete mir einmal, dass die Arbeit ähnlich sei wie mit einem Wickelkind, der Unterschied liege nur darin, dass sie sich gleich dem Thema widme, anstatt erst mit drei Jahren ein Kind mühevoll umzutrainieren. Somit hätte sie beides: 3 Jahre Wickeln und ein Sauberkeitstraining. Bei der natürlichen Babypflege leben Mutter und Kind im Einklang mit den ursprünglichen Bedürfnissen, welche nicht gestört werden und auch später nicht mühevoll umtrainiert werden müssen.

Windelfreiheit ist nicht mit Druck verbunden
Die ursprünglichen Vorgehensweisen bis in den 50-iger Jahren scheint noch bekannt zu sein, so hörte ich auch die Frage, ob ich denn das Kind auch mal länger auf dem Topf lassen würde, bis sich schließlich Erfolg einstelle. Von dieser Handlungsweise habe ich mich sehr distanziert, da es mit der Grundidee der Windelfreiheit keine gemeinsame Basis hat. Der Kontaktaufbau setzt Respekt und Achtung voraus, der mit Druck und Strenge niemals erreicht werden kann.
Wollten meine Kinder nicht ausscheiden, zeigten sie es klar durch ihre Körperhaltung. Entweder machten sie sich ganz steif, drehten sich weg oder gaben mir eine verbale Absage. So achteten wir Ihre Aussagen und hielten sie in solchen Momenten nicht ab, auch wenn wir dachten, es müsste mal wieder an der Zeit sein.

WINDELFREIHEIT IM EINSATZ

Wie funktioniert die natürliche windelfreie Babypflege?

Das Baby verspürt während oder kurz nach der Nahrungsaufnahme einen Ausscheidungsdrang. Seiner Natur entsprechend wird das Kind dem Verlangen sehr rasch nachgeben und die Schließmuskeln von Blase oder Darm öffnen. Die Muskeln werden gezielt eingesetzt und die Entleerung beginnt. Was sich als unwillkürlich anfühlt (auch besonders deshalb, weil die Ausscheidungsprodukte normalerweise in der Windel verschwinden) ist ein ganz natürlicher, gezielter Vorgang. Das Kind kann noch nicht selbstständig eine Toilette benutzen, aber es kann sich mitteilen und beim Abhalten ausscheiden. Beobachtet man ein paar Monate altes Baby beim Ausscheiden des Stuhls, wird man erkennen, dass das Baby oft inne hält und bewusst loslässt. Allein aus dieser Beobachtung heraus lässt sich annehmen, dass ein Baby die Schließmuskeln schon überwiegend steuern kann. Ein starrer, konzentrierter Blick verbunden mit Stöhnen oder Loslassgeräuschen untermauern die Annahme einer bewussten Ausscheidung. Ebenso gestaltet es sich bei der Urinausscheidung. Einige Momente vor der Ausscheidung verändert sich das Baby – es wird ruhiger, hält inne, quengelt oder stoppt das Spiel. Es stellt sich auf die Ausscheidung ein. Nehmen Sie solche Anzeichen wahr, können Sie die noch vorhandene Kleidung entfernen und Ihr Baby mit Hilfe eines Signaltones auf die Ausscheidung einstimmen. Sie können Ihr Kind über einem Töpfchen, Waschbecken oder der Toilette halten und nach kurzen Momenten stellt sich das Kind auf die Entleerung ein und scheidet aus. In der Lernphase dauert es manchmal einige Momente, bis sich Ihr Kind der Ausscheidung widmen kann. Nach mehreren Versuchen weiß das Kind, dass es beim Abhalten die Schließmuskeln öffnen soll und wird es auch bald umsetzen. Der Signalton unterstützt die Einstimmung auf das Loslassen.

In der ersten Lebenswoche schied unser Sohn bereits einige Male in das Töpfchen aus. Dazwischen hatte er jedoch immer nasse Einlagen oder Windeln, da er sehr häufig urinierte. Ab der dritten Woche hatten wir bereits Intervalle von einigen Stunden, in denen er ausschließlich in das Töpfchen ausschied. Einlagen und Windeln waren dann mehrere Stunden trocken. Gerade die empfindliche Neugeborenenhaut hatte von der Trockenheit im Intimbereich profitiert.

Das langsame, aber kontinuierliche Einstimmen auf die Windelfreiheit ermöglicht es dem Kind, die Vorgehensweise rasch zu erlernen.

Wann ist der richtige Zeitpunkt zum Beginnen?

Einstieg nach der Geburt

Es gibt nicht **den** richtigen Augenblick oder **das** beste Vorgehen, um die windelfreie Pflege passend durchführen zu können.

Grundsätzlich gilt jedoch, dass die Methode umso besser anzuwenden ist, je kleiner ein Kind ist, da es andere Verhaltensweisen (wie regelmäßig in die Windel zu machen) noch nicht kennt. Auch lernt das Baby von klein auf, dass auf die eigenen Signale eingegangen und entsprechend gehandelt wird. Kinder, die bereits von Anfang an an die Windelfreiheit herangeführt werden, lernen die übliche Vorgehensweise beim Ausscheiden sehr gut und schnell.

> Wir begannen in der ersten Lebenswoche meiner Tochter, was sich wunderbar anbot. Wir verbrachten ohnehin die ganze Zeit zusammen und genossen die gegenseitige Nähe und Wärme. So konnten wir uns gut kennenlernen und erste Versuche starten. Es ist viel leichter, Mekonium, Übergangsstuhl und Muttermilchstuhl aus einem Töpfchen zu entfernen, als es von einem sehr zarten Babypopo zu waschen. Auch bei unserem Sohn nutzten wir die besondere Zeit im Frühwochenbett, um uns langsam gegenseitig kennenzulernen. So hatten wir nach wenigen Tagen die ersten gezielten Ausscheidungen.

Neugeborene scheiden sehr häufig aus, da das Blasen- und Darmvolumen gering ist.
Bevor das Baby die Signale noch nicht klar äußert und Sie sich noch im Kennenlernen befinden, bietet es sich an, in den ersten Wochen einen festen Rhythmus anzuwenden. Ein Abhalten während des Stillens und einige Minuten danach bringen meist den gewünschten Erfolg.
Aber auch hier sollten Sie sich mit Geduld und Gelassenheit auf die Windelfreiheit einlassen, da es einige Wochen dauern kann, bis die neue Situation routiniert gemeistert wird.

Ein späterer Einstieg

Die Möglichkeit der Windelfreiheit erreicht viele Mütter und Väter jedoch erst in den ersten Lebensmonaten ihrer Kinder, folglich kann nicht ab der Geburt begonnen werden. Andere fanden bisher nicht den Mut, das vorhandene Wissen beim Neugeborenen umzusetzen. In jedem Fall ist auch ein späterer Einstieg sinnvoll, aber je später begonnen wird, desto länger dauert die Lernphase bei den Kindern.

Eine Umstellung auf die natürliche Babypflege bis zum Alter von einem halben Jahr, funktioniert in der Regel ohne große Probleme. Das Kind wird behutsam an die neue Methode herangeführt. Ein häufiges

Wiederholen der Signallaute, Rituale und Vorgehensweisen erleichtern dem Kind das Ausscheiden. Das größere Kind hat auch schon mehr Körperstabilität und lässt sich leichter abhalten.

Auch hier nutzen Sie am besten zu Beginn zeitliche Rhythmen. Nach dem Aufwachen zum Beispiel können Sie Ihr Kind entkleiden und mit Hilfe der Signallaute über Topf oder Toilette abhalten. Geben Sie ihm einige Augenblicke Zeit, so kann sich das Kind leichter auf das Loslassen einstimmen.

> Unser Sohn ließ sich in den ersten Monaten viel lieber über einem Töpfchen abhalten – über Waschbecken oder Toilette hatten wir kaum Erfolge, so nutzten wir seine Vorliebe für das Töpfchen und dort konnte er bei den meisten Abhalteversuchen auch tatsächlich gezielt ausscheiden. Ab dem vierten Monat wollte er bevorzugt über Toilette oder Waschbecken ausscheiden, wogegen das Töpfchen uninteressant wurde.

6 - 12 Monate

Ist das Kind älter als ein halbes Jahr, kann die Umstellung länger dauern, da sich das Baby an die Windel gewöhnt hat und das natürliche Signalisieren bereits verstummt ist. Es kann aber auch zu diesem Zeitpunkt noch reaktiviert werden. Immer wieder lernte ich motivierte Eltern kennen, die sich mit ihrem sieben, acht oder neun Monate alten Babys an die Windelfreiheit heranwagten und trotz einer längeren Übungsphase gute Erfolge hatten. Auch hier lernten die Kinder die Bedürfnisse ihres Körpers wieder zu spüren, mitzuteilen und gezielt auszuscheiden.

Das Ergebnis in der Anwendung kann dabei etwas variieren. Während Mütter, die ihre Kinder sehr früh an die Windelfreiheit gewöhnen, schneller trockene Tage und Wochen erfahren, erlernen Spätstarter ein paar Monate danach diese Fähigkeiten wieder und beginnen auch manchmal wieder zu signalisieren. Auch wenn nur jedes zweite Ausscheiden abgefangen werden kann, ist das ein toller Erfolg im kommunikativen Austausch zwischen Mutter und Kind.

Das Ziel, dem Kind in Würde, Achtung und Respekt zu begegnen, ist auch hier gut umsetzbar. Dass das eigene Kind nicht ständig mit den Ausscheidungen in Berührung kommt (Babys scheiden bekanntlich sehr häufig aus), erscheint vielen Müttern bzw. Vätern als Motivation, um diesen schönen, erlebnisreichen Weg zu gehen, auch wenn er einige Monate später beginnt.

Mit sieben Monaten genießt Mara ihre Selbstständigkeit auf dem Töpfchen.
Alleine hinsetzen und ausscheiden klappt schon ganz gut.
Beim Ausziehen benötigt sie noch Hilfe.

Ab einem Jahr

Je später die Windelfreiheit umgesetzt wird, desto eher tendiert man zu einem klassischen Sauberkeitstraining, da sich das Kind längst an die Windel gewöhnt hat. Nichtsdestotrotz können Sie hier mit Ihrem Kind üben. Besonders eignet es sich hier in den warmen Sommermonaten, in denen Sie das Kind nackt oder zumindest ohne Windel im Freien spielen lassen können. Ein eigener Garten bietet sich hier hervorragend an, aber auch öffentliche Spielbereiche sind möglich. Die Angst vor Pannen ist hier unbegründet. Ausscheidungen werden überwiegend von den Kleidungsstücken aufgesogen. Urin versickert sehr schnell im Boden, sodass auch andere Kinder nicht in Kontakt kommen. Kot kann bei Bedarf entfernt werden. Die positiven Lerneffekte und ein Gefühl von Trockenheit wiegen hier viel höher.

> Meine große, gewickelte Tochter gewöhnte ich an den Topf und es dauerte nicht lange, bis sie wusste, wohin sie ausscheiden musste. Zu ihrem zweiten Geburtstag war sie Tag und Nacht sauber.

Wartet man mit dem Sauberkeitstraining länger als 2 ½ oder 3 Jahre ist es nach meinen Erfahrungen viel schwerer, dem Kind die liebgewonnene Windel abzugewöhnen.

Zeit des Lernens

Erwarten Sie nicht, dass Ihr Baby mit zwei Monaten trocken ist. Für beide heißt es erst einmal, sich annähern und gegenseitig kennenlernen. Sie haben gerade ein Baby entbunden und wissen noch gar nicht, was für ein wunderbarer Mensch sich dahinter verbirgt. Der Säugling kommt ohne große Erfahrungen auf die Welt, er beginnt aber bereits im Mutterleib Erkenntnisse zu gewinnen. Der Säugling ist infolge der biologischen Reifestufe unmittelbar gebunden an das, was mit ihm geschieht. Das Baby ist vollkommen auf die Hilfe der Eltern angewiesen, die seine Belange erkennen. Es kann die Bedürfnisse äußern, sie aber nicht alleine befriedigen. An seinem Leib macht er die ersten Erfahrungen.[36] Das Baby entdeckt den eigenen Körper, spürt Dehnungsreize von Blase und Darm, lernt die Muskeln aktiv zu bewegen und kann das Zusammenspiel zwischen dem Gefühl von vollen Ausscheidungsorganen immer besser handhaben. Es ist nun Ihre Aufgabe, das Kind zu begleiten – und es wird Sie begeistern. In erster Linie geht es darum, dass Sie lernen, wie die Ausscheidungssignale funktionieren, indem Sie beobachten und die verschiedenen Reaktionen wahrnehmen. Die ersten Wochen und Monate verlangen von Ihnen mehr Aufmerksamkeit und Zeiteinsatz. Aber auch Wickeln braucht seine Zeit und auch Ihre regelmäßige Umsicht. Und im Laufe der Wochen werden Sie beide im Umgang routinierter und der anfängliche Mehraufwand wird deutlich weniger. Das Kind signalisiert und Sie können das Kind abhalten. Der Zeiteinsatz neben Geduld und Gelassenheit ein Kind zwei oder mehr Jahre zu wickeln und einem folgenden klassischen Sauberkeitstraining

---

[36] Neumann, S. 43

entfällt. Der Mehraufwand am Anfang, hebt sich bereits nach wenigen Monaten auf, da die Kinder die nötigen Kenntnisse früh erworben haben und ein gemeinsames Zusammenspiel zwischen Ihnen funktioniert.

Sensible Phasen
Nicht immer sind Kinder empfänglich dafür etwas zu lernen. Die Bereitschaft Neues aufzunehmen und anzuwenden variiert. Die Zeit, in der Kinder offen sind, sich auf eine Neuigkeit einzulassen, nennt man sensible Phase. Beginnen Sie die Windelfreiheit erst nach ein paar Monaten umzusetzen, kann es sein, dass die Kinder in dem Moment einen anderen Entwicklungsschritt vollziehen, der ihnen die gesamte Aufmerksamkeit abverlangt. Eine Toleranz gegenüber der Windelfreiheit kann auch einmal nicht gegeben sein, da die Kinder einfach an die Windel gewöhnt sind. Und Gewohnheiten ändern Menschen, auch schon Babys, bekanntlich ungern. Es kann manchmal einige Wochen dauern, bis sich das Baby auf die neue Situation einstellen möchte. Gut zu beobachten sind die sensiblen Phasen bei Babys, die von Geburt an abgehalten werden. Sie lernen die Windelfreiheit, haben aber aufgrund von Wachstumsschüben in den jeweiligen Lebensmonaten nicht immer die volle Konzentration. So können bei Entwicklungsschritten vermehrt Pannen auftreten. Die Aufmerksamkeit liegt in diesen Tagen nicht bei der Ausscheidung, sondern richtet sich auf die neu gewonnenen Fertigkeiten wie dem Umdrehen, Krabbeln oder Laufen sowie dem Zahnen. Wickelkinder, die an die Toilette herangeführt werden, sind in der Regel bis zum zweiten Geburtstag sehr empfänglich für die neue Art der Ausscheidung. Spätere Versuche können oft länger dauern, bis eine vollständige Sauberkeit erreicht wird. Die Kinder sind aber dennoch sehr individuell und einzigartig und so sollten Sie beobachten, wann das Kind aufnahmefähig ist. Dann können Sie sowohl die späte Windelfreiheit versuchen oder ein herkömmliches Sauberkeitstraining starten.

Wie merke ich, dass mein Kind ausscheiden muss?

Die spannendste Frage, die ich in meinen Windelfrei-Vorträgen gestellt bekommen habe, war die, wie ich denn als Mutter weiß, wann mein Kind ausscheiden muss. Oft befürchten Eltern, die Signale der Babys nicht oder zu spät zu erkennen, mit den unangenehmen Folgen von nassen Kindern, Kleidern und Böden. Es gibt einige Anzeichen anhand derer Sie sehr gut erkennen können, wann Ihr Baby ausscheiden möchte.

Sie sollten jedoch keine Angst haben, Ausscheidungen zu verpassen, da in der Lernphase, die einige Wochen und Monate dauern kann, immer wieder Pannen auftreten werden. Diese werden aber rasch weniger, je intensiver Sie mit dem Kind verbal und nonverbal kommunizieren und interagieren. Schnell werden Sie merken, wann Blase oder Darm Ihres Kindes voll sind, auch ohne das Kind dauernd zu beobachten.

Anzeichen für baldiges Ausscheiden:
- Gefühl
- Signale
- Rhythmus und Regelmäßigkeit

Gefühl – Signale – Rhythmus und Regelmäßigkeit

GEFÜHL
Was sich zu Beginn der Windelfreiheit unbekannt und schwierig anfühlt, nämlich einfach auf sich selbst zu hören, entpuppt sich im Laufe der ersten Wochen der Anwendung als sehr verlässlich.

> Mir ist es oft passiert, dass meine beiden Mädchen spielten und ich wusste plötzlich, dass meine kleine Tochter ausscheiden muss – auch wenn ich nicht im selben Raum war. Sie hat nicht gesprochen, ist nicht zu mir gekommen und dennoch wusste ich es.

Im Laufe der Wochen entwickelt jede Mutter ein Bewusstsein für das Kind, das weit über Gesprochenes oder Angedeutetes hinausgeht. Um intuitiv handeln zu können, bedarf es aber einer gewissen inneren Ruhe. Intuition ist eben **kein** diffuses Gefühl des „so könnte es gehen", sondern eine vollkommen abgesicherte Handlungsweise, weil sie aus tiefer innerer Ruhe heraus geschieht und jegliche äußere Beeinflussung abschirmt.

> Es ging mir immer wieder so, dass ich wusste, dass meine Kleine ausscheiden musste, aber manchmal war ich von Umgebungsfaktoren abgelenkt oder vertraute meinem Gefühl nicht und bis ich mich versah, war die Hose nass. Je mehr ich auf meine innere Stimme hörte, achtsam meiner Wahrnehmung gegenüber war, desto klarer konnte ich mit meinen Kindern kommunizieren – sei es beim Windelfrei oder in anderen Situationen.

> **Intuitiv vertrauen**
> Im Laufe der Zeit vertraute ich immer mehr meinem Gefühl und hörte auf meine innere Stimme. Ich merkte, dass ich den Kommunikationsmerkmalen, die sowohl von meinen Töchtern oder von meinem Sohn ausgingen, als auch von mir, sicher sein konnte. Versuchte ich die windelfreie Methode nach logischen Rhythmen und Abfolgen anzuwenden, scheiterte ich schnell. Es gab oft Situationen, in denen ich dachte, dass meine Kinder jetzt eigentlich nicht ausscheiden können. Weder die Zeitintervalle noch die momentanen Umstände hätten zu einer baldigen Ausscheidung gepasst. Und dennoch wusste ich innerlich, dass sie jetzt Wasser lassen müssen. Entgegen einer logischen Erklärung, aber meinem Gefühl vertrauend, hielt ich sie ab und sie schieden unmittelbar danach aus. Oft war ich fasziniert und gleichzeitig überrascht, wie wenig Beachtung die Intuition in der westlichen Welt findet. Die Rückmeldungen, die meine Kinder mir über die Ausscheidung gaben, waren so klar und eindeutig, dass ein Zweifel an der Richtigkeit der Windelfreiheit nicht aufkam.

Kinder haben ein gutes Gespür
Öfters machte ich die Erfahrung mit meiner Tochter, dass sie, wenn wir bei Freunden zu Besuch waren, natürlich auch signalisierte. Und bevor ich reagierte, kamen andere größere Kinder und sagten mir, dass meine Tochter ausscheiden müsse. Meine Tochter konnte weder sprechen, noch zog sie sich die Hose herunter. Anfangs war ich sehr überrascht über die Kinder, dass sie so sensibel auf die nonverbalen Zeichen, die ihnen meiner Meinung nach unbekannt waren, reagierten. Kinder horchen noch viel mehr auf das eigene Gefühl und spüren Veränderungen viel rascher. So nehmen sie auch Stimmungen anderer viel schneller wahr. Während unsere Tochter mit älteren Kindern spielte, konnte ich mich entspannt anderen Dingen widmen und wusste, dass rechtzeitig Meldungen zum Abhalten kamen. Als wir unseren Sohn in den ersten Wochen beobachteten, wie er sich in seiner Mimik und Gestik bei einem Ausscheidungsdrang veränderte, erkannten wir, dass er zunächst zufrieden bei uns war (entweder im Tuch, auf dem Arm oder in unmittelbarer Nähe zu mir). Nach einer gewissen Zeit wurde er unruhig und schon mit sechs Wochen konnte ich die ersten deutlichen Anzeichen für einen Ausscheidungsdrang durch Stimmungsveränderungen erkennen. Ich entkleidete ihn und oft dauerte es nur wenige Sekunden, bis er gezielt in das Töpfchen ausschied.

Wie spüre ich es?

Sie merken intuitiv, dass Ihr windelfreies Kind ausscheiden muss. Sie können sich einem Gespräch nicht mehr mit voller Aufmerksamkeit widmen, wirken abgelenkt und unkonzentriert. Auch kann sich plötzlich Ihre Stimmung ändern und Sie werden unruhig. Oder Sie verspüren den Wunsch, dem Kind nah zu sein, wenn es sich gerade bei anderen Personen befindet. Sie spüren, dass das Kind jetzt ausscheiden muss, was sich sehr individuell zeigen kann. Obwohl das Kind anfangs noch nicht spricht und wenig Signale zeigt, wissen Sie, dass es wieder an der Zeit wäre.
Die verbalen und nonverbalen Signale sowie intuitive Gedanken, die Sie wahrnehmen, können sehr variieren. Je mehr Sie sich jedoch auf die Windelfreiheit einlassen, desto schneller und klarer können die eigenen Stimmungen erkannt werden.

SIGNALE

Die Kommunikation zu einem Baby harmoniert in den ersten Lebenswochen umso besser, je mehr man sich nach dessen Verhalten und Wünschen richtet. Eine Mutter, die ihr Kind die ersten Lebenswochen genau beobachtet, wird feststellen, dass das Kind diverse Bedürfnisse (Hunger und Durst, Nähe und Körperkontakt, Ausscheidung, etc.) mittels verschiedener Gesten und Körperhaltung zeigt. Es hört sich aufwendig an, ist es aber nicht. Es zeigt lediglich die natürlichsten Verhaltensweisen von Mutterschaft. Das eigene Kind, besonders das Neugeborene ständig bei sich, am Körper, an der Brust, im oder am Bett zu haben, sind biologisch gesehen die absoluten Grundpfeiler der Elternschaft. So ist auch das ständige Zusammensein von Mutter und Kind keine zusätzliche Aufgabe bei der Windelfreiheit, sondern ein Selbstverständnis in der natürlichen Babypflege.

Sie erkennen im Laufe der Wochen die Zeichen für ein Bedürfnis und reagieren dementsprechend, um das Verlangen zu stillen. Das Baby erfährt, dass auf seine Signale gehört und reagiert wird, was in meinen Augen ein wichtiger Baustein in der gegenseitigen Achtung und Fürsorge darstellt. Von Geburt an fühlen sich Babys zu anderen Menschen hingezogen, vor allem natürlich zu den engsten Vertrauten. Sie wollen ihnen aber nicht nur nahe sein, sondern mit ihnen kommunizieren und etwas mit ihnen erleben.[37]

Die Interaktion kann einerseits vom Kind, andererseits auch von der Mutter oder vom Vater ausgehen. Je älter das Kind ist, desto häufiger vermischen sich die Signale von Mutter und Kind, und sie gehen dann von beiden aus, was schließlich die Basis einer funktionierenden Kommunikation widerspiegelt.

Signale des Babys

Die Signale eines Neugeborenen sind noch zaghafter und feiner im Vergleich zu älteren Kindern. Mimik, Zungen- und Lippenbewegungen sind noch gering ausgeprägt. Der Blickkontakt eines Babys entwickelt sich in den ersten Lebenswochen zu einem genauen, gezielten Blick, während das Neugeborene in den ersten Lebenstagen noch einen unscharfen, ungenauen Blick hat. Auch kann ein kleines Baby durch Strampeln und Zappeln auf sich aufmerksam machen. Hilft das alles nichts, meldet sich ein Neugeborenes auch mal schreiend zu Wort. Obwohl das Kind erst viel später das Sprachvermögen erlernt, sind hier schon eindeutig die Grundelemente zwischenmenschlicher Kommunikation zu erkennen.[38] Das Sprachvermögen ist bereits vorhanden. Ab dem sechsten Monat sind Babys in der Lage, sich bewusst mittels Zeichensprache verständlich zu machen. Diese Zeichensprache ermöglicht ein frühzeitiges Verstehen und Interaktionen mit dem Kind.[39] Je länger und genauer Sie Ihr Kind beobachten, desto besser können Sie die Unterschiede in den Signalen erkennen. Die Veränderungen bei einem Ausscheidungsbedürfnis sind sehr individuell und variiert von Kind zu Kind.

Das Kind zeigt bei voller Blase oder Darm meist eine Veränderung in der bisherigen Haltung und Bewegung

- Es stoppt das Spielen
- Es hört auf zu trinken und löst sich von der Brust oder Flasche
- Es wird unruhig, unkonzentriert, zappelt und strampelt vermehrt
- Es verlässt das „Nest" oder Spielbereich, um jenes nicht zu beschmutzen (wegdrehen, wegkrabbeln, weglaufen)
- Blick und später Blickrichtung ändern sich (suchend nach dem Topf oder starrer Blick)

---

[37] Murray, Andrews, S. 56
[38] Murray, Andrews S. 64
[39] Family Guide, S. 32

- Veränderungen in der Mimik
  (Faltenbildung im Gesicht, Kind hört auf zu lächeln, hält inne)
- Körperhaltung nach vorne oder hinten geneigt
- Das Baby streckt seinen Körper
- Bei der Stuhlausscheidung stoppt kurz der Atem und das Kind „drückt"
- Das Kind krabbelt oder läuft auf die Mutter zu, andere wollten von der Mutter weg
- Das Kind gibt ein vereinbartes, geübtes Zeichen oder spricht Signalworte nach
- Darmgeräusche
- Ab etwa einem Jahr: Kind zieht an der Hose oder zieht sie ganz aus

Veränderungen in der Stimmungslage
- Manche Kinder beginnen plötzlich zu weinen
  (vor oder nach der Ausscheidung erkennbar)
- Andere Baby sind unruhig und beginnen zu quengeln
- Oder das Baby beginnt sich zu entspannen und genießt das baldige Loslassen

Es gibt aber auch Babys, die wenig Hinweise auf die Ausscheidung geben. Dann können Sie sich auf Anhaltspunkte wie die Intuition oder den Zeitrhythmus verlassen. Sie können Ihr Kind bei der Nahrungsaufnahme, einige Minuten später noch einmal und dann etwa alle halbe Stunde bis zur nächsten Mahlzeit abhalten. Die Zeiten sind nur grobe Vorgaben, die Ihnen am Anfang helfen können, Ihr Kind regelmäßig abzuhalten. Sehr bald erkennen Sie ob Ihr Kind jedoch häufiger oder seltener ausscheiden muss. Sie werden im Laufe der Monate auf unterschiedliche Zeiten und Zeichen des Kindes vertrauen, da sich sowohl die Signale des Kindes, als auch Ihre Betrachtung ändert. Gerade im ersten Lebensjahr entwickelt sich das Baby sehr rasch und folglich ändern sich auch immer wieder die Hinweise. Als unsere Tochter das erste Lebensjahr vollendet hatte, wendeten wir die Signaltöne seltener an, denn sie wusste bereits, dass das Abhalten über der Toilette oder die Benutzung eines Topfes das Ziel hatte, dass sie ausscheidet. Die Einstimmung mittels Signaltöne war nur in ungewohnter oder unsicherer Umgebung noch hilfreich und nötig.

Die Mutter stimmt ihre Tochter Adéla auf das Loslassen ein.
Ihr angespannter und konzentrierter Blick verrät das bewusste Wahrnehmen der Ausscheiden mit folgendem gezielten Loslassen.

Signale der Betreuungspersonen

Als Eltern windelfreier Babys sollten Sie sich zu Beginn zwei Signaltöne überlegen, die Sie beim Ausscheiden Ihres Kindes vorsprechen. Ein Laut sollte für die Urin- und ein Laut für die Stuhlausscheidung verwendet werden. Von Vorteil sind einfache Laute, die die Kinder später auch nachsagen können. Bei uns haben sich die Worte „bsbs" für den Urin bewährt und „gogo" für den Stuhl. Gaben unsere Kinder Signale zum Ausscheiden, setzte ich sie auf den Topf oder hielt sie ab und sprach ihnen den Hinweiston vor. Nach einer Weile wussten sie, welches Wort welche Bedeutung hatte und schieden beim Hören der Laute schneller aus.

Bald fand ich auch heraus, ob sie Urin oder Stuhl ausscheiden mussten, dann gab ich ihnen nur das eine Signal vor. Selten schieden Sie beides zeitgleich oder unmittelbar hintereinander aus, dann gab ich beide Signale. Ist das Kind unkonzentriert oder im Halbschlaf, hilft es sehr, wenn das Baby die Töne hört, denn es kann sich leichter entspannen und sich auf die Situation einstellen. Auch in fremder Umgebung sind die Signaltöne hilfreich. Es gibt den Babys Sicherheit und eine mögliche Blockade kann überwunden werden. Neben der verbalen Kommunikation mit dem Baby kann auch noch eine nonverbale Kommunikation vereinbart werden. Sie können auch mittels Zeichensprache dem Kind ganz klare Hinweise geben, dass es nun loslassen und ausscheiden kann. Wiebke Gericke[40] geht davon aus, dass alle Kinder natürliche Fähigkeiten besitzen eigene Bedürfnisse mit ihrem Körper, ihren Gesten und ihrer Mimik mitzuteilen. Hebt ein Kind die Arme hoch, meinte es: „Nimm mich auf den Arm. Das heißt, dass Sie zuerst dem Baby verbale und nonverbale Signale geben und Ihr Kind dieses versteht und danach handeln kann. Einige Monate später kann es die Signale selbst geben und Sie wissen sofort, was das Kind möchte. Diese „Zeichensprache" kann neben der windelfreien Methode noch für viele weitere Bereiche eingesetzt werden. Es intensiviert den Kontakt sehr und die aktive Kommunikation zwischen Mutter und Kinder beginnt viel früher, als wir es durch die verbale Kommunikation gewohnt sind. Die Kinder prägen sich die Begriffe durch ein regelmäßiges Wiederholen ein und lernen den Zusammenhang relativ schnell kennen. Ab etwa einem Jahr sind die Babys in der Lage, die nonverbalen Signale nachzuahmen. Die Interaktion von Mutter und Kind hilft beiden, die Bedürfnisse zu erkennen und zu stillen. Die verbalen Laute kann ein Kind etwas später nachsagen.

Zum Beispiel richtete sich unsere Tochter nachts auf und gab die Signaltöne von sich und sagte damit ganz klar: „Mama, ich muss mal." Unser Sohn dagegen drehte sich nachts immer wieder um, wenn seine Blase voll war. Ruhigen Schlaf fand er erst wieder, nachdem ich den Schlafsack geöffnet hatte und ihn über dem Töpfchen abgehalten hatte.

---

[40] Gericke

Signalworte für Stuhl und Urin können die Kinder zeitlich sehr unterschiedlich nachsprechen. Während die ersten schon mit einem Jahr diese Worte wiedergeben können, beginnen andere Kinder erst später mit der verbalen Aussprache. Anfangs benützen Kinder für Stuhl und Urin ein Wort, was sich im Laufe der Entwicklung auf zwei unterschiedliche Worte ausweitet.

Die gewählten Signalworte sollten:
- Einfach nachzusprechen sein
- Klar von anderen Worten abzugrenzen sein
- Immer die gleichen sein
- Besonders in der Lernphase immer verwendet werden

Mit dem Laufalter war unsere Tochter noch schneller und ging oft alleine zur Toilette und wartete, bis jemand die Türe öffnete und ihr half. Auch lernte sie zu dem Zeitpunkt ihre Hose auszuziehen. Sie wusste, dass eine nasse Hose kalt und unangenehm ist und so war die Hose schneller ausgezogen, als mir manchmal lieb war. Sie entwickelte verschiedene Vorlieben: Wenn sie den Raum verließ, nahm sie oft ihr Töpfchen mit, denn sie wusste wohl, dass sie bald ausscheiden muss. Und da war sie gerade einmal 1 Jahr alt.
Mit 15 Monaten konnte meine Tochter die Signaltöne, die ich ihr immer vorsagte, nachsprechen. Sie kam zu mir und erwähnte diese Worte, so nahm ich sie, hob sie ab und schon ging es los. Die Verbindung zwischen meinen Worten und ihrer eigenen Ausdrucksweise war hergestellt. Auch wenn sie selbst auf dem Topf saß, sagte sie die Worte vor sich hin. Und das hielt weit über die Phase des Sauberwerdens an. Sie sagte sich die Signalworte immer wieder vor und hatte ihre große Freude daran, wenn der gewünschte Effekt dann auch eintrat. Vielleicht benötigt Ihr Kind hierfür längere Zeit. Versuchen Sie ein Kommunikationsmittel zu finden, mit dem Sie beide gut interagieren können. Unser Sohn verhielt sich ganz anders. Er ging mit 16 Monaten zur Toilette und wollte, dass wir ihn dort abhielten. Laute dagegen sprach er viel später nach. Nutzen Sie also auch die ganz individuellen Eigenschaften Ihres Kindes.

RHYTHMUS UND REGELMÄSSIGKEIT
Nicht jede Mutter kann und will sich auf die Intuition verlassen. Auch gibt es Kinder, die sehr schwach signalisieren. Die Anzeichen, wann ein Kind ausscheidet, hängen zudem vom Entwicklungsstand des Kindes ab. Beobachtet man ein Baby ein paar Tage hintereinander, erkennt man zeitliche Regelmäßigkeiten. Das Kind scheidet zum Beispiel in den ersten Minuten nach dem Aufwachen aus und vielleicht nach weiteren zwanzig Minuten noch mal. Hält man das Kind nach seinem Zeitrhythmus ab, ist die Chance, dass das Kind ausscheidet sehr groß. Wird es nach einem anderen Zeitschema abgehalten, benötigt das Kind bedeutend mehr Zeit, als wenn es selbst signalisiert. An der Körperhaltung des Babys erkennt man sehr rasch, ob sich das Kind auf das Abhalten einstellen kann oder nicht. Dreht sich das Kind weg oder streckt es den Körper durch, bekommen Sie ein klares „Nein". Hält das Kind die Position,

scheint es sich auf die Situation einstellen zu können. Die Zeitabstände, in denen das Kind ausscheiden will, sind sehr variabel. Sie hängen von verschiedenen Faktoren ab:

- Ernährung
  (ausschließlich Milch oder bereits Beikost)
- Flüssigkeitsanteil in Getränken und Speisen
  (wasserhaltiges Obst und Gemüse im Vergleich zu eher flüssigkeitsärmeren Getreideprodukten wie Brot, Kartoffel oder Nudeln)
- Alter des Kindes
  (Größe der Blase)
- Tageszeit

Je älter das Kind ist, desto länger können größere Mengen gehalten werden. Unser Mädchen konnte je nach Situation den Urin erst eine halbe Stunde später ausscheiden, wenn der Abhalteplatz für sie nicht ideal war.

Je nach Trinkmenge in der Nacht scheiden Babys in der Nacht Urin aus oder halten diesen bis zum Morgen. Manche Kinder schaffen das ab einem Jahr, andere erst mit drei Jahren. Jedes Kind entwickelt einen anderen zeitlichen Rhythmus, den die Eltern durch gutes Beobachten rasch erkennen können. Einen Zeitplan zu erstellen kann hier einen Überblick geben und einen Zusammenhang zwischen Ernährung und Ausscheidung herstellen. Mit Hilfe des Zeitschemas konnten Eltern, die durch Pannen und Missgeschicke entmutigt wurden und mir ihr Anliegen in den Vorträgen mitteilten, wieder einen guten Weg in die Windelfreiheit finden.

Welche Hilfsmittel eignen sich?

Welches Töpfchen, Schüssel oder Toilettenaufsatz passt?

Wenn Sie sich für die windelfreie Babypflege begeistern, treten sicherlich viele Fragen auf, wie und wo das Kind denn am besten abgehalten werden kann. Die Antwort darauf ist gar nicht so leicht zu geben, da die Vorlieben der Eltern und Kinder sehr variieren. Die Ideen und Methoden, die Eltern windelfreier Babys entwickeln, erstaunten mich immer wieder. Während Mütter in südlichen Ländern die Babys meist im Freien abhalten, sind allein aufgrund der klimatischen Bedingungen in Europa die Umgangsweisen anders. Auch das Hygieneverständnis in der westlichen Gesellschaft ist viel ausgeprägter. Während meines Aufenthaltes in Indien erlebte ich Frauen mit windelfreien Babys, die bei Pannen ganz ruhig blieben, die Pfütze kommentarlos wegwischten und alles war erledigt. Dort gab es natürlich kaum Abhalteschüsseln, weil die Kinder überwiegend im Freien spielten und eine Ecke schnell zu finden war. In der westlichen Kultur erscheint diese Vorgehensweise nicht so leicht umsetzbar zu sein. So empfiehlt es sich schon allein aus hygienischen Gründen ein Töpfchen oder eine Schüssel zu verwenden.

Hier möchte ich ein paar Möglichkeiten und Arten aufzeigen, die Eltern von windelfreien Babys bevorzugen. Die Wahl der geeigneten Ausscheidungstöpfchen oder Schüsseln ändert sich auch im Laufe der Entwicklung des Kindes. Während die Eltern zu Beginn von Windelfrei oft noch unsicher sind und mehrere Hilfsmittel verwenden, verschwinden diese im Laufe der Monate immer häufiger. Auch benützen Mütter von mehreren windelfreien Kindern immer weniger Materialien, da sie zunehmend vertrauter im Umgang mit der Methode und ihrem Kind sind. Sie können die Materialien verwenden, die Ihnen am sinnvollsten und praktischsten erscheinen. Sie können aber auch die Gefäße kombinieren und je nach Wunsch auf das entsprechende zurückgreifen.

Schüssel

Neugeborene können gut über einer kleinen Schüssel abgehalten werden, da sie überwiegend beim Stillen oder Flasche geben ausscheiden.

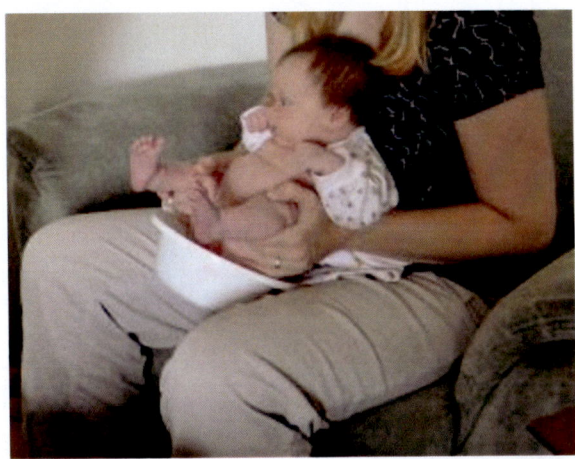

Das Kind wird über einer kleinen Schüssel gehalten, derweil stabilisiert die Mutter den Oberkörper des Kindes, indem das Kind auf dem Unterarm oder am Bauch der Mutter liegt. Eine normale kleine Haushaltsschüssel eignet sich hier hervorragend, da sie schnell gereinigt werden kann, gut zu handhaben ist. Metallschüsseln sind weniger vorteilhaft, da sie sehr kalt sind. Berührungen mit der Metallschüssel sind hier eher unangenehm und behindern ein entspanntes Ausscheiden.

Kunststoffschüsseln können leicht gereinigt werden und haben zudem ein geringes Gewicht, was ein Transportieren erleichtert.

Entspannt hält die Mutter ihr wenige Wochen altes Baby über einer Haushaltsschüssel ab. Abgerundete Ränder ermöglichen ein angenehmes Abhalten ohne Gefahr von Druckstellen oder unbequemen Haltepositionen für Sie und Ihr Kind.

Im Handel sind zudem Bezüge für den Topfrand erhältlich. Sie wärmen den Rand nicht nur, sondern sind weich und ebenso gut zu reinigen.

Töpfchen
Die Wahl des richtigen Topfes oder der passenden Toilettenhilfsmitteln hängt sehr von den Vorlieben der ganzen Familie ab. Wenn es Sie stört, wenn ein Topf in Ihren Wohnräumen steht, stellen Sie es an eine unauffällige Stelle, vielleicht unter ein Tuch oder hinter den Vorhang. Vielleicht gehören Sie aber auch zu den Eltern, die genau dieses Hilfsmittel nie mehr missen wollen. So unterschiedlich die Vorlieben sind, so groß ist auch die Bandbreite der Möglichkeiten und der dazugehörigen Hilfsmittel.

Das geeignete Gefäß sollte folgendes haben:
- Vertraut sein (ständiges Wechseln zwischen Topf, Toilette oder Waschbecken irritiert)
- Sie werden in den ersten Wochen feststellen, zu welchen Vorlieben Sie selbst und auch das Kind neigt und dann kann das passende Gefäß oder Örtchen ausgewählt werden. Gerade in der Lernphase benötigen die Kinder Routine und klare Signale, die mit dem gleichen Ausscheidungsort leichter durchführbar sind. Später können Sie beliebig variieren.
- Es sollte so klein sein, dass es für unterwegs mitgenommen werden kann.
- So groß sein, dass das Kind gut darin ausscheiden kann. Hilfreich sind hier spezielle Gefäße für windelfreie Babys wie das Asiatöpfchen, das besonderes in den ersten Monaten verwendet werden kann, um ein Hineinrutschen des Babys in den Topf zu vermeiden. Spätestens ab dem Sitzalter eignen sich normale Töpfchen aus dem Handel, die in allen Farben und Formen erhältlich sind. Meist sind aber gerade auf Reisen oder Ausflügen kleinere Töpfchen praktischer, da sie leichter zu transportieren sind. Alternativ und leichter erhältlich sind herkömmliche Haushaltsschüsseln, die in allen Größen, Farben und Formen zur Verfügung stehen. Ein breiter Rand macht das Abhalten angenehmer.
- Helle Farbe:
Ein heller, möglichst weißer Topf ermöglicht Ihnen die genaue Beurteilung der Ausscheidungen bezüglich Farbe und Konsistenz. Besonders die Konzentration des Urins können Sie an der Farbe gut beurteilen und infolgedessen die Trinkmenge an den Bedarf anpassen. Auch den Stuhl können Sie besser beachten und mögliche Veränderungen zügig erkennen. Gerade der dünne Muttermilchstuhl lässt sich in einem hellen Topf sehr gut beurteilen.
- Rückenlehne zum Stabilisieren
Anders als beim herkömmlichen Sauberkeitstraining sitzen windelfreie Babys schon sehr früh auf einem Topf – möglicherweise schon vor dem selbstständigen Erlernen des Sitzens. Anfangs wird das Kind noch komplett von Ihnen gehalten, während es später schon alleine verbleibt. Kontakt zum Kind sollten Sie in der Anfangsphase immer halten. Hat das Kind die eigene Sitzstabilität erlernt, können Sie noch in der Nähe des Kindes bleiben, jedoch erfreuen sich viele windelfreie Babys über ihre neu erlernte Fähigkeit. Ein hoher Rand des Töpfchens am Rücken des Kindes bietet hier großen Vorteil und unterstützt das Kind in der Selbstständigkeit.

- Umfallsicher
  Ein rutsch- und umfallsicheres Töpfchen bietet gerade in der zweiten Hälfte des ersten Jahres viele Vorteile. Die Babys sind oft schon so selbstständig geworden, um alleine auf das Töpfchen zu kommen, haben aber noch nicht die ausreichende Körperstabilität, um sich immer passend auf das Töpfchen zu setzen oder vom Töpfchen herunterzukommen. Ein Kippen oder Umfallen des Topfes ist vorprogrammiert. Ein standsicherer Topf schafft hier etwas mehr Halt und erleichtert dem Baby das alleinige Aufstehen oder Wegkrabbeln vom Topf. Breite Modelle oder eine Variante mit Gummirand am Boden können die nötige Stabilität bieten.

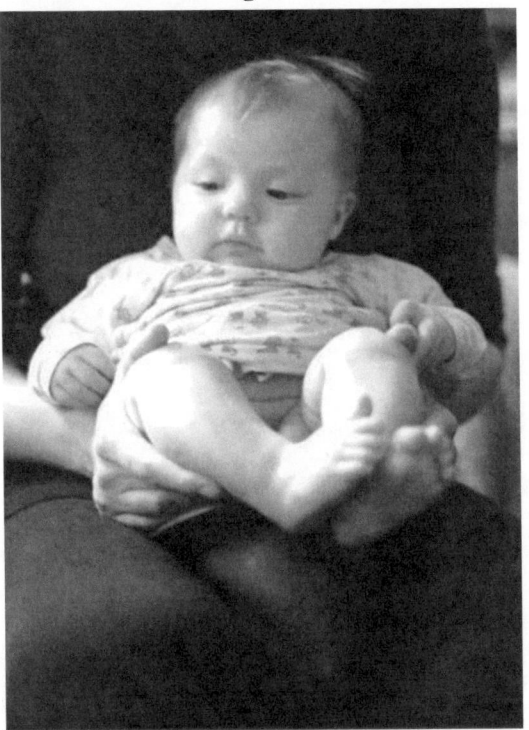

Adéla über einem Asiatöpfchen, welches sich bei Mädchen sehr gut eignet.
Ein leichtes Kippen des Töpfchens ist gerade bei Jungs von Vorteil, da ein „Herauspinkeln" vermieden wird.
Bei Bedaf kann der Penis auch leicht nach unten gehalten werden.
Hilfreich ist beim Urinieren auch, dass das Baby auf dem hinteren Topfrand sitzt.

Von Toilettenaufsätzen (Plastik, Gummi, mit und ohne Polster) bis zu Aufsätzen mit Treppchen für die Kleinsten findet man eine sehr große Auswahl. Ein Probesitzen kann hier manchmal Klarheit bringen. Toilettenaufsätze für Babys unter einem halben Jahr sind oft ungeeignet, da die Kinder meist noch zu klein sind und in die Öffnung rutschen. Entscheiden Sie sich dennoch für einen Aufsatz, wählen Sie am besten einen rutschfesten Aufsatz mit höheren Seitenrändern. Die Größe der Toilettensitze variiert sehr, demzufolge können Sie ein kleines Modell mit schmaler Öffnung wählen. Wichtig bei der Verwendung von Toilettensitzen ist die Beibehaltung von Körperkontakt, um dem Kind Vertrauen und Stabilität auf der Toilette zu geben.

Sarah sitzt mit ihren 16 Monaten schon sicher auf dem Toilettensitz.
Je nach Vorliebe wählt sie zum Ausscheiden auch mal das bereit stehende Töpfchen.

Welche Einlagen erleichtern die Windellosigkeit?

Als Unterlage im Spielbereich

Zu Beginn der windelfreien Methode benötigen Sie mehrere wasserdichte Einlagen, auf denen das Baby liegen und spielen kann, wenn es sich nicht gerade in einer Trage befindet. Scheidet das Baby aus und die Einlage wird nass, kann diese schnell gewechselt und gewaschen werden. Sobald das Kind krabbelt, benötigt man die wasserdichten Einlagen nur noch zum Schlafen, da sich die Babys oft von der Spielstelle wegbewegen, um auszuscheiden. Wenn das Baby ungeplant uriniert, ist es unwahrscheinlich, dass die Einlage getroffen wird. So können Sie ab dem Krabbelalter eher auf Einlagen in der Hose vertrauen, anstatt den Spielbereich zu schützen.

Als Bettschutz

Ein Matratzenschutz für das Bett ist sowohl bei windelfreien Kindern als auch bei der herkömmlichen Wickelmethode sinnvoll, da er das Bett vor allerlei Flüssigkeiten schützt und rasch gewechselt werden kann. So kann auch eine möglichst angenehme Nachtruhe gewährleistet werden. Im Handel sind Einlagetücher zu erhalten, die unter oder über das Laken gelegt werden. Praktisch sind auch Spannbetttücher mit integriertem Nässeschutz in den verschiedensten Größen. Sie passen sowohl für Kinderbetten als auch für Familienbetten, wenn Ihr Kind bei Ihnen schläft. Je nach Vorliebe können Sie alternativ oder zusätzlich Stoff- oder Einmalunterlagen verwenden. Generell sollten Sie beachten, dass die Auflagefläche im Bett des Kindes glatt ist, um Reibungen durch Faltenbildung zu vermeiden. Gummieinlagen saugen die Flüssigkeit nicht auf und das Kind liegt schnell in der Nässe, so sind diese nur als Zusatz geeignet, um die Matratze zu schützen.

In unserem Familienbett bewährte sich ein Laken mit integriertem Nässeschutz. Es hatte den Vorteil, dass unser Bett auch dann geschützt war, wenn sich unsere Kinder drehten. Die seltenen Pannen blieben dann auf dem Laken und schonten die Matratze. Darüber hatten wir ein herkömmliches Laken, das ein angenehmes Hautgefühl vermittelte. In dem Liegebereich unserer windelfreien Kinder hatten wir Tücher aus Schurwolle oder Molton, welche bei Bedarf noch mit Mullwindeln oder einem Handtuch unter dem Gesäß ergänzt wurden.

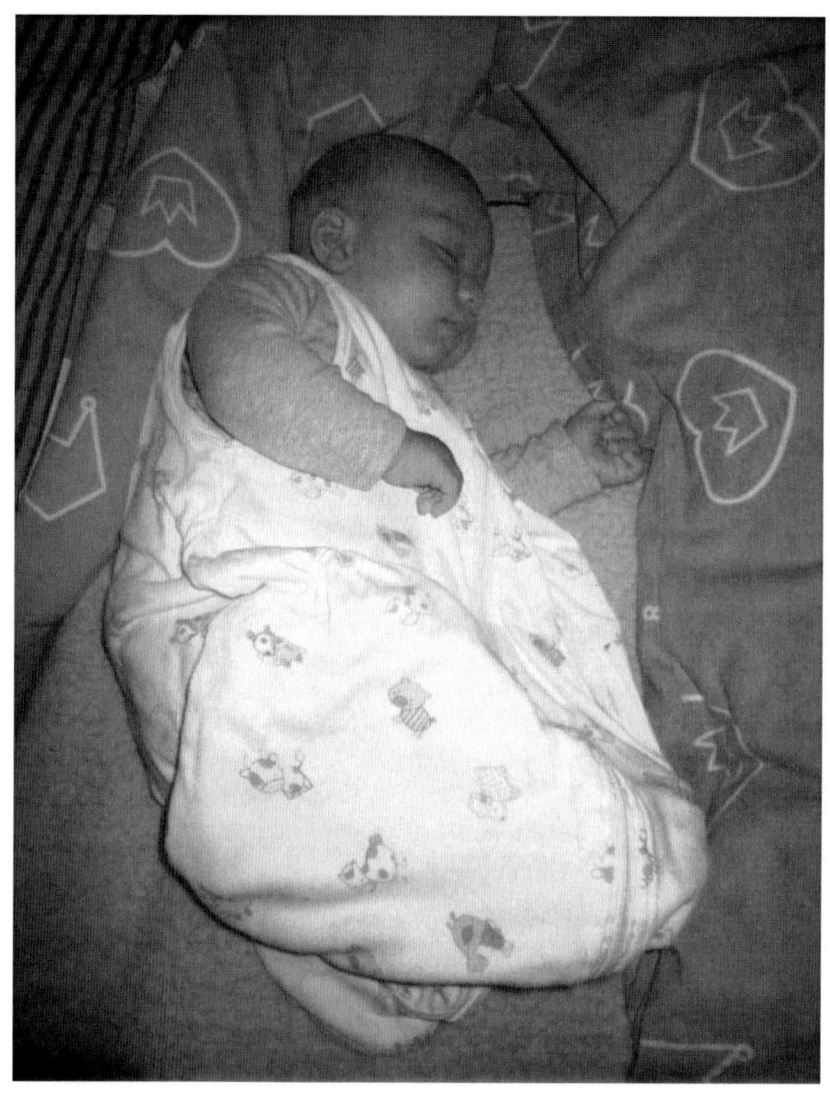

Unser drei Monate alter Sohn im Familienbett:
Ein saugendes Tuch aus Schurwolle dient als Nässeschutz.
Er trägt neben einem dünnen Pullover einen Schlafsack,
der bei Bedarf schnell zu öffnen ist, und ihm ist trotzdem warm.
Er trägt weder Windel noch sonstige Einlagen. An kälteren Tagen hat er darüber noch eine Decke.

Als Schutz für Tragehilfen
Nachdem unsere Tochter viel Zeit in der Trage verbrachte und wir in den Anfängen nicht wussten, ob sie rechtzeitig signalisiert oder unsere Intuition den Weg zur Toilette bahnte, legten wir kleine Stoffeinlagen zwischen Trage und Kind, die aber überwiegend trocken blieben. Unsere Tochter signalisierte durch Unruhe immer rechtzeitig, dass sie abgehalten werden wollte und so hatten wir in der Trage so gut wie keine Pannen. Auch unser Sohn zeigte hier ähnliche Verhaltensweisen und signalisierte seine Bedürfnisse durch Unruhe. Nach drei Monaten waren wir mit unserem Sohn bereits ein sehr eingespieltes Team. Er zeigte sein Bedürfnis ganz klar durch Unzufriedenheit. Wenn ich ihn abhielt, urinierte er, sodass wir äußerst selten Pannen in der Trage oder im Tuch hatten. Den anfangs verwendeten Schutz durch saugende Einlagen nutzen wir bei unserem Sohn kaum, da die Kommunikation gut funktionierte.

Als Kinderwagenschoner
Einige Hersteller von Kinderwägen bieten in ihrem Sortiment bereits passende Einlagen für die Matratze an. Das Wechseln stellt sich aber nicht immer sehr einfach dar, sodass Sie einfach eine zusätzliche Einlage unter das Kind legen können. Andere Kinderwägen haben bereits einen abwischbaren, nicht saugenden Bezug, den Sie rasch mit einem Handtuch oder einer Einlage auslegen können. Geschehen Pannen, können Sie die Einlagen zügig wechseln und der Kinderwagen bleibt geschont. Wechselkleidung und Tücher an Bord sind in der Lernphase sehr hilfreich, welche Sie aber sicherlich sehr bald zu Hause lassen werden, denn es dauert meist nicht lange, bis sie erkennen, wann Ihr Kind, auch wenn es durch die Umgebungsfaktoren abgelenkt ist, ausscheiden will.

Als Nässeschutz für Autositze
Bei längeren Autofahrten verwendeten wir zunächst klassische Windeln, welche in regelmäßigen Abständen gewechselt wurden. Zusätzlich haben wir bei Signalgabe und Pausen die Windel entfernt und unsere Kinder abgehalten. Als wir uns nach einigen Monaten sicher waren, dass das Signalisieren immer rechtzeitig und passend war, ließen wir die Windel auch bei längeren Fahrten weg und legten anstelle dessen eine gut saugende Unterlage unter das Gesäß der Kinder mit dem Augenmerk, dass sie trotzdem bequem sitzen konnten. Zwei Mal erreichten wir nicht rechtzeitig einen Parkplatz, um unsere Tochter abzuhalten, so wurde die Einlage nass. Zuvor signalisierte unsere Tochter ihr Bedürfnis aber klar, wir konnten es leider aber nicht sofort stillen. Die Einlage wechselten wir bei nächster Gelegenheit. Stuhl schied sie im Auto nie aus. Der Autositz wurde vom Urinieren nie in Mitleidenschaft gezogen, mit der Folge, dass die Fahrt nach dem Wechseln der Einlage und der Kleidung weiter gehen konnte.

Welche Windeln, Windelersatzprodukte und Hilfsmitteln sind geeignet für die Lernphase?

Erfahrene und/oder mutige Eltern kommen von Anbeginn wie viele andere Völker (fast) ohne Windeln aus. Die Windelfreiheit wird in westlichen Ländern jedoch oft mit Windeln begonnen. Der Einstieg in die natürliche Babypflege ist gerade bei der erstmaligen Anwendung mit Windeln oder Windelersatzprodukten leichter, da verpasste Ausscheidungen aufgefangen werden können und noch eine gewisse Überschaubarkeit erkennbar ist. Gerade nach der Geburt und in den ersten Wochen, in denen Sie sich gegenseitig kennenlernen und eine darauf folgende Kommunikation aufbauen, kann so manche Windel hilfreich und entlastend sein. Sie können langsam auf Ihr Gefühl vertrauen, da die Abhalteversuche häufiger erfolgreich sind und die Windel immer öfter trocken bleibt. Bei ausreichender Routine und Überzeugung können nun die Hilfsmittel regelmäßiger weggelassen werden, bis Sie nach ein paar Wochen oder Monaten getrost im Supermarkt daran vorbeigehen können. Das heißt konkret, dass Sie Ihr Kind nach Rhythmus, Signalgabe und/oder Intuition abhalten. Zwischen den Ausscheidungsintervallen können Sie Ihrem Baby entweder ständig oder bevor sich die nächste Entleerung ankündigt eine Windel oder ein Backupsystem (saugende Tücher) anziehen. Will Ihr Kind ausscheiden, entfernen Sie die Einlage oder Windel, halten das Kind ab, reinigen es bei Bedarf und die Hilfsmittel werden je nach Sicherheitsbedürfnis wieder angezogen. Versuchen Sie der Zeit oder Ihrer Intuition entsprechend Ihr Kind bei der nächsten Ausscheidung erneut abzuhalten. Sollte die Ausscheidung stattfinden, ohne dass Sie es rechtzeitig bemerken oder das Kind die Signale nicht eindeutig gegeben hat, dann ist die Windel eben voll. Ein Reinigen ist meist sehr schnell geschehen. Fertige Windeln, seien sie aus Stoff oder Einwegprodukte, sind gut ausgefeilte und oft auch sehr hilfreiche Systeme, die in speziell ausgewählten Situationen sicherlich ihre Berechtigung finden. Zum gegenseitigen Erlernen der Windelfreiheit sind sie jedoch hinderlich. Verwenden Sie Windeln nur solange, bis Sie die nötige Routine und Sicherheit im Umgang mit der Windelfreiheit erlangt haben und seien Sie mutig, auch einmal sämtliche Hilfsmittel wegzulassen. Ihr Baby wird sich sehr schnell auf die neue Situation einstellen können und recht bald konkrete Hinweise auf die nächste Ausscheidung geben.

Unsere Erfahrung mit klassischen Windeln zeigte uns, dass unsere Aufmerksamkeit unserer Tochter gegenüber deutlich verringert war. Auch das Signalisieren ihrerseits war eingeschränkt. Je öfter wir ihr ganz klar vertrauten und Einlagen und Windeln weg ließen, desto seltener hatten wir Unfälle. Während wir noch Windeln verwendeten, signalisierte unsere Tochter, aber bis wir Kleidung und Windel entfernten, hatte sie bereits uriniert. Ohne Windeln war ein Entkleiden deutlich zügiger und die Ausscheidungsprodukte konnten immer öfter aufgefangen werden. Unseren Sohn versorgten wir anfangs mit Backups, die ganz individuell gestaltet werden können. Bei uns bestand das System aus einer sehr dünnen Stoffüberhose oder Unterhose mit einer Moltoneinlage. Es sorgte dafür, dass ein einmaliges Urinieren aufgesogen wurde, dann mussten wir jedoch wechseln. Der Vorteil des Backupsystems liegt darin, dass es schnell entfernt werden kann, jedoch gerade in der Lernphase noch etwas Umgebungsschutz bietet.

Die Qual der Wahl

Welches Hilfsmittel passt für mich?

Viele Eltern konnten sich nur sehr schwer vorstellen, dass Babys ganz „ohne" auskommen. So versuchten sie die Windel durch windelähnliche Systeme zu ersetzen. Je routinierter, erfahrener und vertrauter Sie im Umgang mit Ihrem Kind sind, desto weniger Hilfsmittel werden Sie verwenden. Für den Einstieg sind kleine Hilfsmittel jedoch oft sehr angenehm. Auch der Faktor der Verfügbarkeit spielt bei der Auswahl der Produkte eine große Rolle. Wir hatten sehr viele Strumpfhosen in den einzelnen Größen zur Verfügung. Wurde ein Kleidungsstück nass, wechselten wir es schnell und zusätzliche Hilfsmittel wie Windeln, Einlagen oder extra Höschen hatten wir nur wenige Wochen im Einsatz. Andere Mütter verwenden lieber Einlagen und Tücher. Bei der Wahl der Einlagen und Windelprodukte sollten Sie versuchen herauszufinden, was für das Baby am angenehmsten und in der Handhabung für Sie am geeignetsten erscheint.

Arten der Hilfsmittel

Frei von Hilfsmitteln
Diese Methode ist am besten geeignet für erfahrene Eltern, aber auch für neugierige. Die Kinder tragen außer der normalen Kleidung keine saugenden Komponenten. Enganliegende Hosen fangen bei Pannen die überwiegende Urinmenge auf. Spuren von Urin lassen sich in der Kleidung in der Regel fleckenfrei reinigen und sind auch für den nächsten Einsatz wieder schnell verfügbar. Seltene Stuhlausscheidungen in die Kleidung lassen sich in den allermeisten Fällen ebenso rückstandsfrei entfernen. Passende Kleidung für ein schnelles Abhalten ist hier obligat. Ferner sind Unterlagen, auf denen das Kind liegen und spielen kann, hier von großem Vorteil, da gerade in den ersten Lebenswochen die passende Interaktion zwischen Ihnen und Ihrem Kind wachsen muss. Gerade in den warmen Sommermonaten sind so manche windelfreien Babys nur oben bekleidet, während sie unten nackt sind und auf einer wasserdichten Unterlage spielen oder sich im Tuch befinden.

Einfache Backup-Systeme
Backup-Systeme zeichnen sich durch eine Art Baukastensystem aus, die je nach Bedarf (Lernschritte des Kindes, Jahreszeit, Urinmenge etc.) ergänzt werden können. Eine Möglichkeit kann zum Beispiel aus einer Stoffwindel bestehen, die zu einem Rechteck gefaltet wird. Diese wird in den Genitalbereich des Kindes gelegt und entweder von einer speziellen Überhose oder einer normalen Unterhose gehalten. Die Einlagen sollten ordentlich gefaltet werden, um Druckstellen durch Reibung zu vermeiden.
Eine Alternative bietet der Windelgürtel, der die Hüfte mit einem leichten Gummizug umspannt. Darin wird ein Tuch vorne und hinten fixiert. Muss Ihr Baby ausscheiden, können Sie sehr leicht die Stoffwindel entfernen und das Kind abhalten.

Auch bei Verunreinigungen ist die Stoffwindel sehr rasch durch eine neue zu ersetzen. Diese Art zu „Wickeln" hilft gerade in solchen Situationen gut, in denen Sie Ihr Kind zwar weiter abhalten wollen, Pannen jedoch sehr unangenehm wären.

 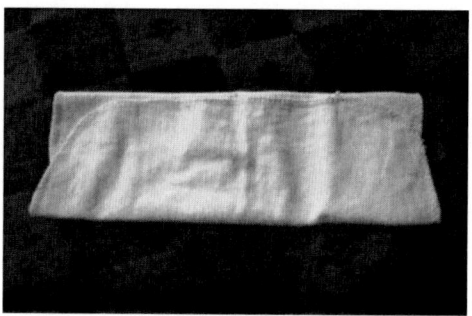

Windelgürtel mit Frottee- oder Moltoneinlage kombiniert

Eine Erweiterung des Systems bietet der Windelgürtel mit integriertem Klappteil, der die Stoffwindel zusätzlich fixiert und noch mehr Saugleistung bietet. Jedoch hat das Kind hier schon mehr die Empfindungen ähnlich einer klassischen Stoffwindeln mit leichter Bewegungseinschränkung.

Adéla wird mit der Minimal-Windel mit Windelgürtel und integriertem Klappteil versorgt.

Bei größeren Ausscheidungsmengen oder auch unsicherer Wechselmöglichkeit können Sie dickere oder doppelte Stoffwindeln unter den Windelgürtel geben. Eine wasserdichte Unterlage rundet die Ausstattung ab, falls die Ausscheidungsmenge erhöht ist und die Stoffwindel die Menge nicht komplett aufsaugt, falls es doch zu Pannen kommt. Speziell gefertigte Vliese können ebenso in den Gürtel gegeben werden, um dieses System wasserdicht werden zu lassen. Normale Hosen und Überhosen können Sie über die Windel anziehen.

Einlagen

Einlagen sind sehr praktisch und universell verwendbar. Sie werden je nach Größe des Babys gefaltet und einzeln oder kombiniert in die Hose als saugende Komponente integriert. Abhängig von Alter und Mobilitätsgrad des Kindes werden sie länger oder kürzer gefaltet. Ein krabbelndes Kind benötigt einen Saugschutz eher vorne im Intimbereich, während ein liegendes Kind mehr Saugsubstanz im Gesäß bedarf. Das Waschen und Trocknen von (Mull-) Einlagen geht aufgrund der geringen Dicke sehr rasch und ein baldiges Wiederverwenden ist gewährleistet.

Einlagen können in verschiedene Kriterien unterschieden werden:

- **Lose Einlagen:** sie werden je nach Größe des Babys gefaltet und in die Unterwäsche gelegt. Alternativ zur Unterhose können sie durch eine gut sitzende Überhose gehalten werden. Zudem wird die Nässe aufgesaugt und ein Auslaufen ist größtenteils verhindert. Die Einlagen werden bei Verschmutzungen sofort gewechselt, da die Saugleistung begrenzt ist. Die natürliche Bewegungsfähigkeit bleibt bei dieser Art des Wickelns weitgehend erhalten. Andere findige Eltern verwenden einfache Damenbinden (sowohl als Einmalartikel als auch in einer waschbaren Variante erhältlich), die in die Unterhose gelegt werden.

- Wir verwendeten lediglich in der Lernphase Einlagen, die wir nach gesammelten Erfahrungen immer häufiger und länger wegließen. Die Einlagen kamen direkt in die Unterhose und waren so gefaltet, dass es möglichst keine Reibungen an der Haut gab. Ab etwa fünf Monaten trug unsere Tochter nur noch sehr selten Einlagen, sondern hatte ganz normale Kleidung mit Unterhose, Strumpfhosen und/oder Hosen an. Bei Pannen konnten wir die entsprechenden Kleidungsstücke rasch tauschen. Strumpfhosen haben besonders bei Krabbel- und Laufkindern die gute Eigenschaft, dass sie die Feuchtigkeit überwiegend aufsaugen und Teppich und Boden weitestgehend verschont bleiben. Gab es eine Panne, spürte unsere Tochter sofort den unangenehmen nassen Effekt und sie lernte sehr schnell, wenn sie ausschied, dass die Haut nass wird. Meiner Beurteilung nach konnte sie so viel schneller die Windellosigkeit umsetzen. Bei Ausflügen nutzten wir in den ersten Wochen noch Einlagen, begannen aber bei kürzeren Wegen immer öfter Hilfsmittel wegzulassen, da wir zunehmend mutiger und sicherer in der Handhabung wurden.

- **Einlagen zum Einknöpfen in vorgefertigte Überhosen:** Sie verhindern ein Verrutschen und Scheuern im Genitalbereich. Sie sind aber zusammen mit der Überhose kompakter und voluminöser und ähneln schon einer Stoffwindel mit mehr Bewegungseinschränkung. In der Lernphase bieten sie allerdings den nötigen Saugschutz, lassen sich aber zum Abhalten schnell öffnen und auch wieder gut verschließen. Speziell gefertigte Einlagen zum Einknöpfen sind in der Anschaffung teurer, passen jedoch genau in die dafür vorgesehenen Überhosen, die auch sehr beliebt in der Lernphase sind. Je selbstständiger Ihr Kind wird, desto weniger oft werden Sie die kompakten Überhosen mit Einlagen benötigen.

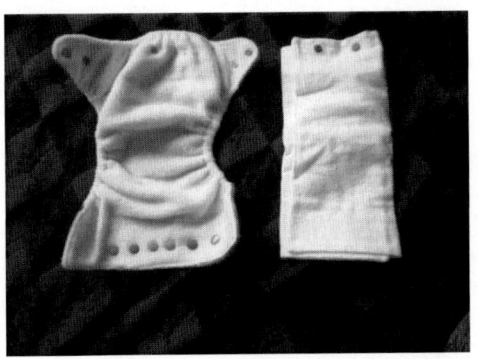 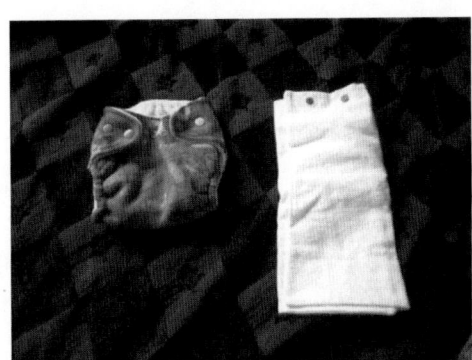

Stoffwindel mit einknöpfbarer Einlage, die den Urin von einmaligem Ausscheiden aufsaugt.

- **Einweg-Einlagen:** Auch Einwegeinlagen finden in der Windelfreiheit ihren Einsatz. An Tagen mit erhöhten Pannen oder während Ausflügen können die Einlagen zur Sicherheit in die Unterhose gegeben werden. Sie bestehen oft aus Baumwolle, gelegentlich mit Plastikanteil. Diese Einlagen saugen jedoch meist nur ein einmaliges Urinieren, dann sollten sie gewechselt werden. Sie lassen sich jedoch sehr rasch erneuern.

Überhosen

Überhosen erhalten Sie als kompakte Einheit, die gebunden, mit Klett oder Druckknöpfen verschlossen wird. Alternativ sind sie als klassische Überziehhosen, die Unterhosen mit Saugfunktion ähneln, erhältlich. Die Überhose dient als Nässeschutz für die Kleidung, beachten Sie aber auch hier einen möglichen Feuchtigkeitsstau. Gerade bei hohem Kunststoffanteil sind die Kinder schon nach einmaligem Ausscheiden sehr nass. Überhosen aus Stoff schützen die Kleidung nur bedingt, binden jedoch freie Flüssigkeiten viel stärker und bieten deutlich mehr Tragekomfort. Verwenden Sie am besten die Überhose, die Ihnen die Anwendung der Windelfreiheit am besten ermöglicht. Im Laufe der Wochen werden Sie ohnehin immer weniger Hilfsmittel benötigen.

Überhose aus Plastik
mit Klettverschluss

Stoffwindeln

- mit Einzelkomponenten

Stoffwindeln, die sie selbst zusammenstellen können, eignen sich gerade beim Beginn der Windelfreiheit. Das Kind hat einen Saugschutz, Sie haben aber die Möglichkeit, nur so viele Einlagen zu verwenden, wie unbedingt nötig. Das natürliche Gefühl beim Ausscheiden bleibt so eher bestehen und Sie können rasch ein übersehenes Ausscheiden erkennen und die Windel wechseln. Je mehr Einlagen und Windelprodukte Sie in der windelfreien Vorgehensweise verwenden, desto unsicherer wird das Kind. Es kann letztlich nicht erkennen, ob es nun in die Windeln ausscheiden oder doch Signalisieren soll, um gezielt ausscheiden zu können. Fällt es Ihnen jedoch mit Saugkomponenten leichter, die Windelfreiheit zumindest zeitweise umzusetzen, dann scheuen Sie nicht, die gewünschten Materialien zu verwenden. Trotz Windel sollten Sie regelmäßig abhalten, denn nur so lernt das Kind seine Bedürfnisse bewusst wahrzunehmen und auch zu signalisieren.

- All-in-one Windeln

Für Ausflüge, Krankheitsphasen oder bei Unsicherheit können Sie auch sogenannte „All-in-one" Windeln verwenden. Sie bestehen aus einer wasserdichten Überhose mit reichlich eingenähten oder einsteckbaren Einlagen. Diese Windeln sind sehr voluminös und behindern daher die natürliche Beweglichkeit des Babys, können jedoch bei Bedarf einfach gewechselt und gewaschen werden. Wenn diese Art der Wickeltechnik Ihnen den Übergang zur Windelfreiheit erleichtert, verwenden Sie diese. Wichtig dabei ist jedoch, dass das Kind erkennt, dass die Windel nur zum Schutz und nicht als Ersatzklo dienen sollte. Je mehr Kleidung, Einlagen, Überhosen oder Windeln das Kind trägt, desto mehr Zeit vergeht bis das Kind beim Ausscheidungsdrang abgehalten werden kann. Pannen häufen sich und somit kann es eher zu einer Demotivation führen. Eltern windelfreier Kinder bestätigten mir immer wieder, dass die Interaktion mit dem Kind am besten klappte, wenn sie nur sehr wenige Windelprodukte benutzten. Die Aufmerksamkeit der Eltern ist erhöht und auch ein Ent- und Ankleiden ist leichter, wenn das Baby weniger Produkte trägt.

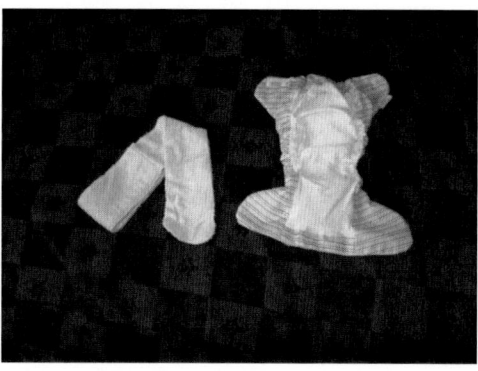

„All-in-one Windel" idealerweise mit herausnehmbarer Einlage.
Druckknöpfe erleichtern ein rasches Entkleiden.
Im Vergleich zu Einmalwindel hat ein häufigeres Öffnen der Windel keinen Verschleiß.

Einmalwindeln (mit Klett oder als Schlüpfhöschen)
Die Bedürfnisse der Eltern sind hier sehr unterschiedlich. Manche Eltern windelfreier Babys bedienen sich zwischendurch gerne an Einmalwindeln. Sie sind bei Bedarf schnell an- und auszuziehen und zu entsorgen. Der Nachteil von Einmalwindeln ist, dass der Klettverschluss nach mehrmaligem Öffnen an Haltekraft verliert und auch die Festigkeit und Dichtigkeit der Windel abnimmt. Das Baby nimmt ebenso wie Sie die Ausscheidung aufgrund der guten Saugleistung der Superabsorber in den Einmalwindeln wenig wahr. Möchten Sie auf Einmalwindeln trotz Abhalten nicht verzichten, können Sie auch auf Einmal-Schlupfhosen umsteigen. Sie bieten zumindest den Vorteil, dass die Qualität der Windel durch ein häufigeres Herabschieben der Hose zum Abhalten wenig leidet. Jedoch sind die Schlupfhöschen erst ab der Größe 4 erhältlich, also einem Alter, wo windelfreie Babys oft keine Windel mehr tragen und bereits längere Phasen von Trockenheit haben.

Ein Grund für das endgültige Weglassen von Windeln und deren Hilfsmittel war für uns, dass unsere Tochter gerade am Anfang sehr häufig ausschied. So entfernten wir jedes Mal sehr umständlich die Windel und zogen sie anschließend wieder an. Es war sowohl zeitaufwendig als auch im Alltag unpassend. Ein regelmäßiges Abhalten ohne Hilfsmittel entspannte die Umsetzung der Windelfreiheit um ein Vielfaches. Unsere Tochter signalisierte einerseits deutlicher, auf der anderen Seite war unsere Aufmerksamkeit geschärft, sodass wir uns letztendlich besser auf unser Gefühl verlassen konnten. Unseren Sohn wickelten wir sehr selten. In der Lernphase trug er normale Unterhosen, die mit einer gut saugenden Einlage versehen wurde.

Seien Sie in der Auswahl der Einlagen und Windel ganz frei und bedienen Sie sich an den reichlich vorhandenen Windeln und Ersatzprodukten. Im Laufe der Wochen entwickeln Sie die Routine für die passende Auswahl. Auch bei Entwicklungsschüben bedarf es manchmal noch den Griff zur Einlage oder Windel.

Welche Kleidung eignet sich gut bei der natürlichen Babypflege?

Die Kleidung, die Sie verwenden, um die natürliche Babypflege angenehm umsetzen zu können, sollte praktisch und möglichst rasch zu entfernen sein. Viele Knöpfe, enge Hosen oder einteilige Kleidungsstücke sind hier eher ungeeignet. Um die natürliche Babypflege anwenden zu können, benötigen Sie keine spezielle Kleidung. Manche Dinge können Ihnen jedoch behilflich sein. Diese können Sie sowohl selbst herstellen oder aber auch über zahlreiche Windelfrei-Shops erwerben.

Unterhosen oder Trainers aus Stoff

Kleine Unterhosen für Neugeborene sind im herkömmlichen Handel kaum erhältlich. In speziellen Shops für windelfreie Produkte erhalten Sie Unterhosen passend ab der Geburt. Gelegentlich sind diese Art Unterhosen mit verstärktem Mittelteil versehen, die etwas mehr Flüssigkeit binden können. Alternativ können Einlagen in die Hosen gegeben werden. Sie wirken dann ähnlich wie Trainingshosen, die Kinder beim konventionellen Sauberkeitstraining erhalten. Die windelfreien Babys haben keine klassische Windel mehr an, sondern eine normale Hose mit lediglich verstärkter Saugleistung. Kleine Mengen Urin oder Stuhl werden aufgesogen. Praktisch gestaltet sich hier das Abhalten, da zuerst nicht Knöpfe und Klettverschlüsse geöffnet werden müssen, sondern lediglich die Hose herabgeschoben werden muss. Je weiter fortgeschritten Sie in der Umsetzung der Windelfreiheit sind, desto besser sind Trainingshosen und auch einfache Unterhosen mit oder ohne Einlage geeignet. Sie lassen sich sehr schnell waschen und trocknen, sodass sie zügig für den nächsten Einsatz bereit stehen, falls Sie ein zeitgemäßes Abhalten verpassen.

Trainings-/Unterhose.
Mit und ohne extra saugendem Mittelteil erhältlich.

Splitpants
Als passende Kleidung eignen sich neben schnell zu entfernenden Hosen oder hochschiebbare Kleidchen auch sogenannte Schlitzhosen bzw. Splitpants. Diese geschlitzten Hosen bieten die Möglichkeit, dass das Baby schnell abgehalten werden kann. Beim Spreizen der Beinchen öffnet sich der Schlitz im Schrittbereich automatisch – Kleidung und Haut des Kindes kommen mit den Ausscheidungsprodukten praktisch nicht in Kontakt. Die ursprünglich in China verbreiteten Hosen wurden den klimatischen und gesellschaftlichen Bedingungen auf dem europäischen Markt angepasst. Die klassischen Schlitzhosen können in speziellen windelfreien Geschäften erworben werden. Zusätzlich zu dieser Möglichkeit kann über dem Schlitz ein modisch ausgefeiltes Klappteil angeknöpft werden, welches die Öffnung verbirgt und gleichzeitig für Wärme im Intimbereich sorgt. Will das Kind ausscheiden, entfernt man lediglich die Klappe. Wird die Klappe unerwarteterweise nass, kann sie rasch gewechselt werden, ohne die ganze Hose austauschen zu müssen.

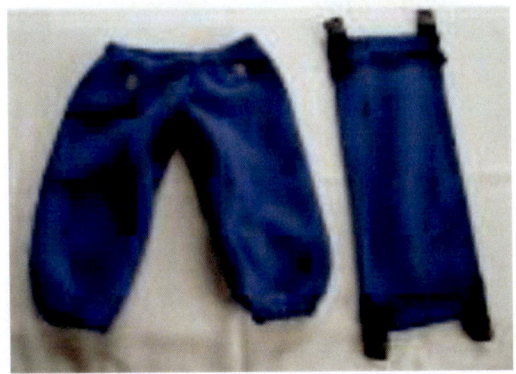

Latzhose
mit abnehmbarer Klappe

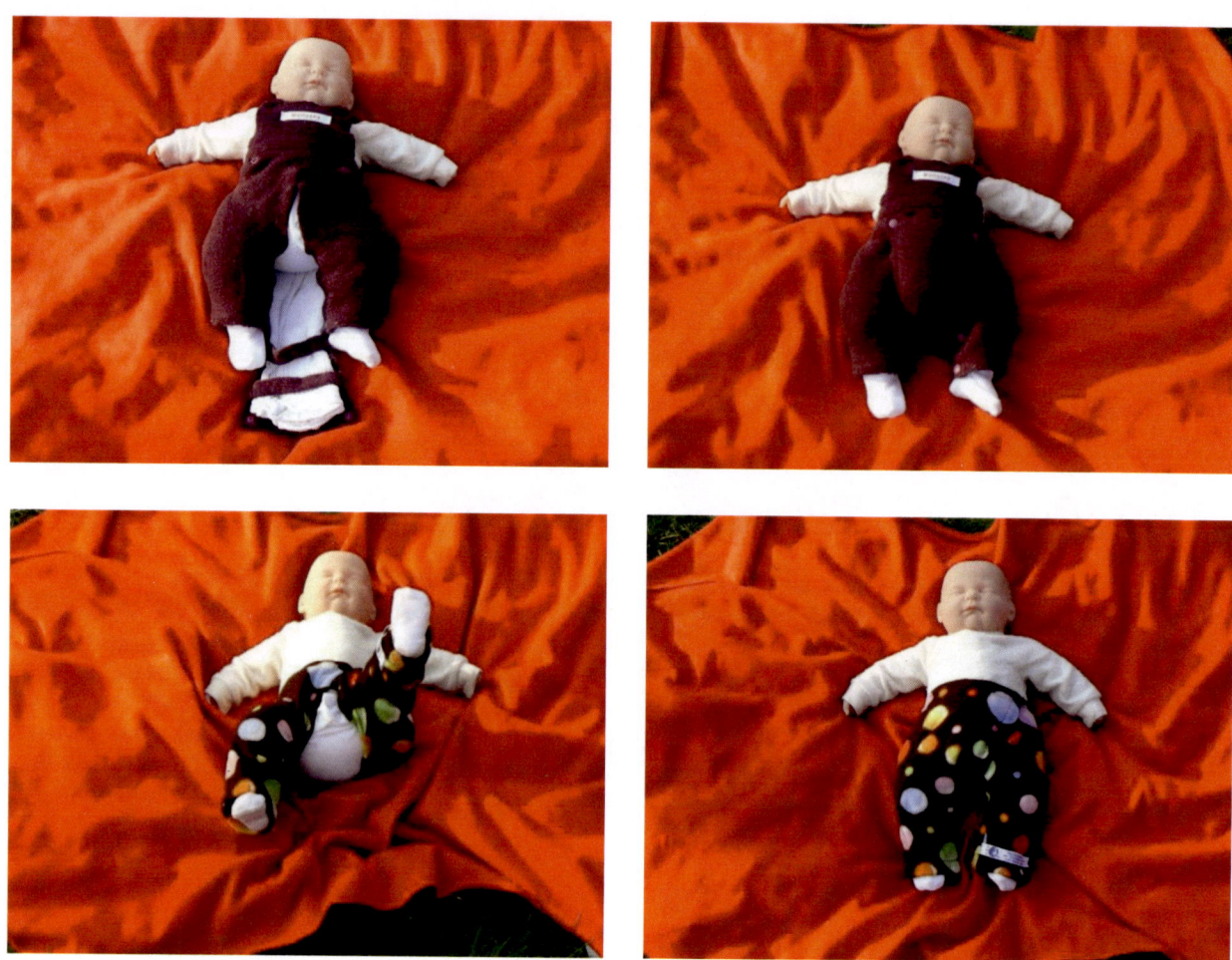

Überlappende Schlitzhosen:
Beim Liegen ist der Hosenschlitz durch überlappende Stoffteile geschlossen.
Zum Ausscheiden wird der Schlitz geöffnet –
das Kind kann ohne Entfernung der Kleidung abgehalten werden.
Scheidet das Kind nicht aus, wird der Schlitz geschlossen
und das Baby fühlt sich auch bei kälteren Temperaturen wohl.

Adéla fühlt sich in der Schlitzhose warm eingepackt.
Zusätzlich zu der Schlitzhose können Einlagen in unterschiedlicher Ausführung beigefügt werden.
Falls die Ausscheidungssignale übersehen oder verpasst werden,
schützt eine waschbare Unterlage vor Nässe.

Babylegs – Babystulpen

Babylegs sind lange Socken, die bis zu den Oberschenkeln reichen. Durch einen speziellen Gummizug rutschen sie nicht, halten die Beine warm und man kann sie trotz Abhaltens anbehalten. Diese Art Stulpen werden zusätzlich zu Einlagen, Windeln oder warmen Unterhosen angezogen. Muss Ihr Kind ausscheiden, entfernen Sie lediglich die Einlagen oder Hosen im Genitalbereich – die restliche Kleidung wird anbehalten.

Die Babylegs behält Adéla beim Abhalten an, was besonders an kälteren Tagen sehr angenehm ist. Babylegs sind mit und ohne Füßchen erhältlich.

Unten geöffneter Schlafsack

Besonders in der Nacht, aber auch in den ersten Lebensmonaten hat sich eine Art Schlafsack bewährt, der nicht wie üblich am Fußteil geschlossen ist, sondern bewusst offen gelassen wurde. So fühlt sich das Kind warm, kann aber bei Bedarf schnell durch einfaches Hochschieben des Schlafsacks abgehalten werden. Nach dem Abhalten und eventuellem Reinigen kann das Baby zügig weiterschlafen.

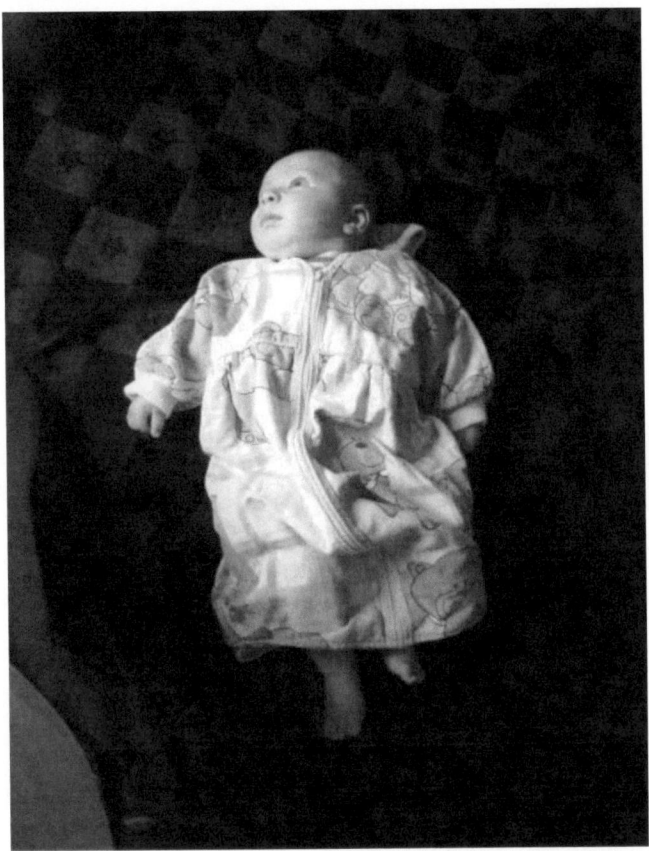

Ein selbstgenähter, unten offener Schlafsack bietet hier
die Möglichkeit des schnellen Abhaltens in der Nacht.
Er hat zusätzlich den Vorteil, dass das Kind nicht stolpert, falls es mal aufsteht.

Geschlitzter Schneeanzug – Overall

Windelfrei an warmen Sommertagen lässt sich oft problemlos umsetzen. Doch wie sieht es an kalten Tagen aus? Den Wunsch, das Kind auch an kälteren Tagen warm zu kleiden, lässt sich nicht immer mit der Windelfreiheit vereinbaren, so scheint es. Umständliche, oft einteilige Overalls im Winter halten so manche Eltern davon ab, das Kind regelmäßig abzuhalten. Eine gute Alternative bietet hier ein Overall, der im Genitalbereich durch einen langen Reißverschluss zu öffnen ist. Passende Kleidung unter dem Overall bietet die Möglichkeit, das Kind auch bei niedrigen Temperaturen den Bedürfnissen entsprechend abzuhalten.

Overall mit langem Reißverschluss im Schrittbereich

Die Produkte, die Eltern windelfreier Babys entwickelten, sind sehr ideenreich und an den Praxisalltag angepasst. Der Einsatz solcher Produkte erleichtert das Erlernen und Umsetzen der Windelfreiheit. Dennoch können Sie die natürliche Babypflege auch gänzlich ohne zusätzliche Hilfsmittel anwenden. Gerade bei unserem Sohn, den wir mit großer Erfahrung windelfrei pflegten, verwendeten wir neben passgenauen Einlagen und gelegentlichen Windeln bei problematischer Wickelsituation kaum noch Hilfsmittel. Die Pannenrate mit nasser Kleidung war gering, da wir durch die bereits gesammelten Eindrücke und Vorgehensweisen sehr routiniert waren und uns auf unsere Intuition verlassen konnten. Verwenden Sie *die* Hilfsmittel, die Ihnen für die natürliche Babypflege am passendsten erscheinen.

Wie setze ich die Windelfreie Babypflege um?

Wie fange ich am besten an?

Eltern windelfreier Kinder müssen sich erst daran gewöhnen, ihr Neugeborenes über der Toilette oder einer Schüssel abzuhalten. Bisher kannte man meist nur Bilder von Kleinkindern auf Töpfen, folgend erscheint das Abhalten von sehr kleinen Babys erst einmal fremd. Ein langsames Herantasten und Ausprobieren schafft Sicherheit und Entspannung, um eine angenehme Halteposition herauszufinden. Neugeborene und kleine Babys werden in den ersten Lebensmonaten möglichst körpernah abgehalten, da sie noch keine ausreichende Körperstabilität haben. Durch die Haltung erfahren die Babys bereits, dass es Zeit zum Ausscheiden ist und sie erkennen das nach einer gewissen Zeit auch ohne Signaltöne. Erst ab dem Sitzalter kann das Kind langsam an eine alleinige Ausscheidung herangeführt werden. Die folgenden Erklärungen geben Ihnen hilfreiche Anhaltspunkte darüber, wie Ausscheidungsrhythmen häufig vorkommen. Es kann aber bei jedem Kind andere Zeiten und Erscheinungsbilder geben.

Die Windelfreiheit ist mit vielen Erwartungen und Hoffnungen gepaart, die zu Beginn nur sehr selten erfüllt werden. Babys erleben das Abhalten zum ersten Mal und beobachten die Situation, nehmen die Signaltöne der Eltern wahr und nach ein paar Versuchen stellen sie meist auch schon einen Zusammenhang zwischen der Körperhaltung und der Ausscheidung her. Ist der Anfang geschafft, bedarf es nun Regelmäßigkeit und Klarheit, um dem Kind zu signalisieren, dass Blase und Darm nun auf diese Art und Weise geleert werden sollen. Rasch gewöhnen sich die Kleinen an die Methodik und arbeiten kräftig mit, indem sie eine bestimmte Körperhaltung einnehmen, signalisieren oder in Kontakt mit Ihnen treten.

Abhalten nach der Uhrzeit

Kennzeichen
- Nach dem Aufwachen
- Beim und nach dem Stillen / Flasche geben
- Stuhl oft einige Augenblicke nach der Stillmahlzeit / Essen

Der erste Abhalteversuch am Tag bietet sich unmittelbar nach dem Aufwachen an, da die Blase meistens gut gefüllt ist und das Baby sicher in den nächsten paar Minuten ausscheiden muss. Während die einen Babys kurz nach dem Erwachen den Blasenmuskel öffnen und ausscheiden, urinieren die anderen in Verbindung mit der Nahrungsaufnahme. Viele Kinder werden nach dem Aufwachen gestillt oder erhalten eine Flasche, sodass der erste Morgenurin bei dieser Gelegenheit gleich aufgefangen werden kann. Halten Sie das Töpfchen unter das Gesäß und beginnen, wenn Ihr Kind Hunger hat, es zu stillen bzw. Flasche zu geben.

Nach dem Aufwachen wurde Samuel, vier Wochen, gestillt, während er auf dem Töpfchen saß.
Meist löste er sich kurz von der Brust und schied kurze Augenblicke später aus.
Nach dem Aufwachen war er oft sehr hungrig, seine Blase war gut gefüllt.
So erledigte er meist beides gleichzeitig: Trinken und Urinieren.
Wenn er mit dem Ausscheiden fertig war, entfernte ich zügig den Topf
und wickelte ihn noch bis zum Ende des Stillens kurz in warme Tücher,
um die Innigkeit beim Trinken möglichst wenig zu stören.

Sie lernen in den ersten Wochen den Tagesrhythmus und die zeitlichen Gewohnheiten Ihres Kindes kennen. Immer wieder wurde mir erzählt, dass Babys in den Morgenstunden und am Vormittag deutlich häufiger ausscheiden als am Nachmittag. Aufgrund dieser Gegebenheiten können Sie Ihr Kind nach Gefühl am Morgen öfters – z.B. alle 20 Minuten – abhalten, als später. Es kann sich aber auch genau anderes darstellen. Beobachten Sie Ihr Kind genau und Sie werden den Tagesrhythmus Ihres Kindes erkennen.

Ausscheidungsgewohnheiten in Abhängigkeit vom Alter des Kindes

Neugeborenen-Alter bis 3 Monate
Kennzeichen:
- Ausscheiden während des Stillens
- Wahrnehmung der Ausscheidungszeichen durch Veränderungen in der Mimik und Gestik
- Kind löst sich beim Ausscheidungsdrang von der Brust oder Flasche
- Weitere Entleerung wenige Minuten nach der Nahrungsaufnahme

Je kleiner ein Baby ist, desto leichter lässt sich die windelfreie Methode lernen und anwenden. Einerseits ist die Mobilität des Babys noch gering, sodass die Umgebung des Kindes wasserdicht gestaltet werden kann. Andererseits lernt das Baby die Windel nicht oder nur gering kennen und ein Trennen oder Umlernen von der Windel zum Töpfchen entfallen. Ferner beherrscht das Baby noch das naturgemäße Signalisieren, um den Ausscheidungsdrang anzukündigen, was sich jedoch spätestens ab 6 Monate verliert, werden diese zum Beispiel durch tägliches Windeltragen missachtet.

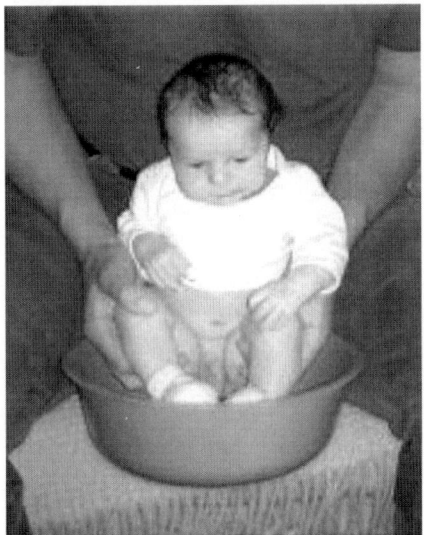

Jeremias wird über einer Schüssel abgehalten.
Stabilität erfährt er durch ein Anlehnen an den Bauch seines Vaters.

Beginnt das Kind zu trinken, dauert es oft eine bis mehrere Minuten, bis das Kind den Harndrang spürt. Will Ihr Baby nun ausscheiden, wird es die Brust bzw. die Flasche loslassen, der kleine Mund öffnet sich, Brustwarze oder Sauger wird losgelassen und die Schließmuskeln an den Ausscheidungsorganen öffnen sich ebenso. Beobachten Sie Ihr Kind, geben Sie zum Urinausscheiden den Signalton und Ihr Kind wird sich auf die Ausscheidung einstimmen. Die Vorstellung, dass Trinken und Ausscheidung relativ zeitgleich stattfindet, erscheint bei herkömmlicher Still- und Wickeltechnik ungewohnt. Die Handhabung dieser Vorgehensweise werden Sie schnell lernen und anwenden können. Neugeborene scheiden meistens beim Stillen aus und ein paar Minuten danach noch ein- bis zweimal. Nehmen Sie eine angenehme Stillposition ein und stellen dann ein Töpfchen auf oder zwischen Ihre Beine. Nehmen Sie nun Ihr Baby, setzen es auf den Topf und geben ihm einen guten Halt. Das Baby kann noch nicht selbst für Stabilität sorgen, so müssen Sie Ihr Kind gut im Arm halten oder es mit Kissen stützen, während Sie mit dem Stillen oder Flasche geben beginnen.

Je älter das Kind wird, desto länger dauert es, bis es Blase oder Darm entleert. So kann das bereitstehende Töpfchen auch erst im Bedarfsfall unter das Gesäß geschoben werden. Geben Sie dem Kind die Zeit und die Ruhe, sich auf das Trinken zu konzentrieren. Der Unterkörper des Neugeborenen kann mit einem warmen Tuch oder einer Decke abgedeckt werden, sodass das Baby nicht auskühlt. Bei Jungen sollten Sie den Penis ein wenig nach unten halten oder das Töpfchen mehr nach hinten kippen, sonst könnte die Umgebung unerwünscht nass werden. Wenn Sie das Abhalten beim Trinken ein paar Mal probiert haben, sind Sie bald sicher in der Handhabung und können eine bequeme und angenehme Still- und Ausscheidungsposition für beide finden.

Hat das Baby ausreichend getrunken, wird es die Nahrungsquelle verlassen. Falls es noch nicht ausgeschieden hat, geben Sie noch einmal das Ausscheidungssignal und lassen Sie das Baby noch kurz auf dem Topf. Will Ihr Kind jetzt aber nicht ausscheiden oder wird unruhig, zwingen Sie es nie, noch länger auf dem Töpfchen zu bleiben. Manche Kinder brauchen einige Minuten zum Ausscheiden. Kleiden Sie Ihr Kind, tragen es oder decken es auf einer warmen, wasserdichten Unterlage zu. Beobachten Sie das Kind, sehen Sie ein zufriedenes Kind, das die Umgebung wahrnimmt. Nach einigen Minuten wird es nochmals ausscheiden müssen und Sie werden es an einer veränderten Körperhaltung, an der Mimik oder am Blick merken. Oft halten so kleine Babys kurz inne, bevor sie ausscheiden. Wird das Kind dann abgehalten, scheidet es meist recht schnell aus. Je nach Kind und Trinkmenge uriniert das Baby noch ein bis mehrmals bis zur nächsten Mahlzeit.

Wird das Kind nach der Nahrungsaufnahme getragen, macht es sich durch Unruhe bemerkbar und Sie wissen, dass die Blase und/oder Darm wieder voll sind.

Schläft das Kind während oder nach der Mahlzeit ein, wird es nach dem Aufwachen ausscheiden. Es ist sehr unwahrscheinlich, dass das Kind im Schlaf ausscheidet. Die Natur hat hier gut vorgesorgt, dass das Kind zumindest kurz wach wird, wenn es Blase oder Darm entleeren muss. Schläft das Kind in Ihrer Nähe, erkennen Sie die Unruhe und die Bewegungen, sodass Sie in den nächsten Minuten abhalten können.

> Bereits als Neugeborene wurde meine Tochter unruhig, wenn sie aufs Töpfchen musste. Sie zappelte, drehte den Kopf zur Seite und ihr Gesichtsausdruck wirkte angespannt, der Blick wurde starr. So erkannten wir, dass wir nun schnell handeln mussten, denn eine Neugeborenenblase ist noch sehr klein und leert sich zügig. Unser Sohn schlief in meiner Nähe, wurde im Schlaf unruhig und erwachte nur sehr kurz. In diesem Moment entleerte er seine Blase. Das erkannten wir sehr schnell, so nahmen wir ihn rechtzeitig hoch, hielten ihn ab und sofort schlief er wieder weiter. Er empfand das Abhalten nicht als störend, sondern es half ihm anschließend ruhig und ohne lästigem Harndrang oder feuchter Windel weiter zu schlafen.

Alternativ zum Töpfchen kann beim Stillen oder Flasche geben eine Einlage oder ein Handtuch zwischen die Beine gelegt werden, welches Ausscheidungsprodukte auffängt. So kann das Kind warm eingepackt noch friedlich trinken.

Manche Kinder lehnen es ab, beim Trinken abgehalten zu werden. Versuchen Sie hier, das Kind vor der Nahrungsaufnahme abzuhalten. Manche Kinder konzentrieren sich sehr beim Stillen und empfinden das Abhalten beim Trinken als störend. So können Sie alternativ Ihr Kind vor dem Trinken abhalten und Ihrem Baby eine mögliche Alternative bieten.

Ein paar Minuten nach der Nahrungsaufnahme meldet sich das Neugeborene noch einmal zum Wasserlassen. Kurze Zeit später kündigt sich oft (mehrmals täglich) Stuhlgang an, der im Laufe der Wochen seltener wird und nur noch 1-3 x täglich oder seltener ausgeschieden wird. Gerade in den ersten Lebenswochen erleben Neugeborene sehr viel Neues. Geben Sie sich und Ihrem Baby die Zeit, sich auf die Windelfreiheit einzustellen. Ohne Windel zu sein und gezielt auszuscheiden, bedarf seine Zeit.

3 - 7 Monate
Kennzeichen:
- Urinieren vor oder am Ende des Trinkens oder nach Beendigung der Nahrungsaufnahme
- Größeres Blasenvolumen mit gut trainierten Schließmuskeln
- Regelmäßigere Darmentleerungen
- Gut funktionierende Kommunikation zwischen Eltern und Kind

Das Baby wird älter und nimmt an Gewicht zu. Dadurch verändert sich auch die Körperstabilität langsam, sodass ein festeres Halten des Kindes möglich ist. Zudem sind Sie routinierter im Umgang mit der windelfreien Methode. Ihr Baby beherrscht zwar noch nicht das Sitzen, kann aber an den Beinchen besser gehalten werden. Die Blase des Babys fasst nun mehr Urin, sodass es länger dauert, bis es Wasser lassen muss. Auch die Frequenz des Stuhlgangs wird weniger. Oft scheiden Babys in dem Alter nur noch 1-2 x am Tag aus. Sobald Beikost gegeben wird, vermindert sich die Häufigkeit der Stuhlausscheidung noch einmal. Mittlerweile sind Sie ein eingespieltes Team und erkennen oft schon einige Augenblicke vorher, wenn Ihr Kind ausscheiden muss (z.B. am Anschwellen des Penis). So können Sie erst dann ein Töpfchen unter das Gesäß schieben, wenn Sie eine Ausscheidung vermuten. Gestalten Sie es aber immer so, dass das Stillen, was eine absolut innige und vertraute Zweisamkeit für Mutter und Kind bedeutet, nicht gestört wird. Ein verkrampftes Warten auf die Ausscheidungen verfehlen die Ansätze der windelfreien Methode gänzlich. Nehmen Sie sich Zeit und genießen die Zeit mit Ihrem Baby. Richten Sie Ihre Aufmerksamkeit ganz auf das Kind und das Stillen. Das Kind äußert nonverbal, dass es jetzt Zeit wäre zum Abhalten. Bis dahin kann eine Stoffwindel oder ein Handtuch im Genitalbereich für Trockenheit bei plötzlichen Ausscheidungen helfen.

Mit ein paar Monaten wollte meine Tochter beim Stillen nicht mehr abgehalten werden, was mir den Hinweis gab, dass sie während der Nahrungsaufnahme auch nicht ausscheiden will. Sie genoss die Innigkeit des Trinkens, während gleichzeitig das Blasenvolumen schon größer war. So packte ich sie in warme Tücher mit Saugfunktion, falls sie doch spontan Pipi machen sollte. Anschließend stillte ich sie. Nach kurzer Stillpause signalisiert sie mir, dass sie jetzt bereit zum Ausscheiden war. Ab dem Zeitpunkt schied sie nur noch ganz selten während den Mahlzeiten aus. Dieser Entwicklungsschritt zeigte mir, dass sie in der Lage war, Urin zu halten und ihn gezielt nach der Nahrungsaufnahme loszulassen.

Sitz- und Krabbelalter
Kennzeichen:
- Vermehrte Selbstständigkeit
- Übergang von passiven zum aktiven Ausscheiden
- Baby äußert Vorlieben und Abneigungen deutlicher

Selbstständiges Sitzen und Krabbeln lernen die Kleinen oft sehr zeitnah. Für das Kind bedeutet das neue Freiheiten, bessere Sicht, Gegenstände und Räume ganz anders wahrzunehmen. Zuerst benötigt das Kind noch Unterstützung beim Sitzen und je sicherer das Kind auf dem Topf ist, desto weniger Hilfestellung sollten Sie geben. Wenn das Kind nun selbstständig sitzen kann, sollten Sie zwar weiter in unmittelbarer Nähe des Kindes sein, um bestmöglich Körper- und Sichtkontakt zu gewährleisten, jedoch auch schon die nötige Freiheit geben. Es kann zum Beispiel an den Beinchen gehalten oder gestreichelt werden, wobei ein guter Blickkontakt und Ermuntern zum Loslassen möglich ist. Windelfreie Babys beginnen schon vor dem Krabbelalter sich von ihrem Spielbereich oder Schlafplatz wegzudrehen, wenn sie den Drang zum Entleeren spüren, denn sie wissen genau, dass ein nasses, verschmutztes „Nest" unangenehm ist. Babys unterbrechen ihr Spiel, wenn sie ihre Bedürfnisse erledigen. Vielleicht werden Sie auch beobachten, dass Ihr Baby kurz innehält, den Blick auf einen bestimmten Gegenstand fixiert und kurz die Luft anhält. Ein leiser entspannter Seufzer verrät gelegentlich das Loslassen.

Mütter haben mir unterschiedliche Verhaltensweisen von Krabbelkindern erzählt:
- Die einen Babys suchen sich intuitiv einen ruhigen, meist abgeschiedenen Platz, um auszuscheiden. Sie verstecken sich hinter dem Sofa, hinter dem Vorhang oder krabbeln an eine ruhige Ecke im Garten, um ungestört ausscheiden zu können. Die Ruhe gibt ihnen den nötigen Raum, um die Schließmuskeln gezielt entspannen zu können. Ein Töpfchen, das in einer ungestörten Ecke steht, hilft dem Kind sich selbst auf den Topf zu setzen bzw. anzudeuten, dass es jetzt müsste. Aufmerksam und behutsam können Sie Unterstützung geben. Herrscht eine große Unruhe, was bei größeren Geschwisterkindern öfters vorkommen kann, ziehen sich gerade solche Kinder eher zurück.
- Andere Kinder robben oder krabbeln zu ihren Eltern, um die Bedürfnisse zu signalisieren. Sie möchten hochgenommen und zur Toilette oder Schüssel getragen werden. Hier lernen Sie sehr schnell, ob das Kind getragen werden will, um Ihnen nahe zu sein, oder ob es tatsächlich ausscheiden muss.
- In vielen Fällen wird es allerdings gar nicht dazu kommen, dass sich das Baby zurückzieht oder zu Ihnen krabbelt. Sie werden unmittelbar davor ganz intuitiv merken, wann das Baby ausscheiden muss. Die Kommunikation und Interaktion mit dem eigenen Kind ist mittlerweile so stark angewachsen und ausgereift, dass es für Sie entspannend ist, nicht ständig das Kind beobachten und auf Pannen aufpassen zu müssen. Spätestens dann, wenn die Eltern ganz automatisch merken, wann ihr Baby ausscheiden muss – und dieses Gefühl kommt oft sehr rasch – sind die Eltern stolz und überwältigt von der windelfreien Methode. Ein anderes Vorgehen mit dem eigenen Kind erscheint nicht mehr vorstellbar. Als unsere Tochter etwa sechs Wochen alt war, erlebten wir immer häufiger solche Momente, in denen wir bereits die Einheit und Klarheit zwischen Eltern und Kind verspürten.
- Babys, die sitzen können, lassen sich oft nicht mehr so gerne abhalten. Sie möchten selbst sitzen und aktiv die Ausscheidungsposition mitbestimmen. Ein Abhalten über Toilette, Waschbecken oder Badewanne kann nach Belieben gemacht werden, soweit die Kinder diese passive Form akzeptieren. Viele Mütter berichteten mir aber, dass mit zunehmender Aktivität der Kinder die Toleranz für passives Ausscheiden weniger groß war. Ein selbstständiges Hinsetzen und alleiniges Ausscheiden wird von Monat zu Monat interessanter. Der Spiel- und Entdeckerdrang der Babys hat sich ab dem Krabbelalter stark entwickelt, mit der Folge, dass eine Ausscheidung nicht mehr die reine Entleerung von Darm oder Blase ist, sondern mit vielerlei Erlebnissen und Entdeckungen gepaart ist. Spätestens im Laufalter kristallisiert sich der Spieltrieb in vollem Umfang heraus und die Eltern windelfreier Babys erleben immer wieder lustige Momente, in denen die Varianten des Spiels erprobt werden. Das Umhertragen des Topfes bis zum Erforschen der eigenen Genitalien sind alle Varianten vertreten.

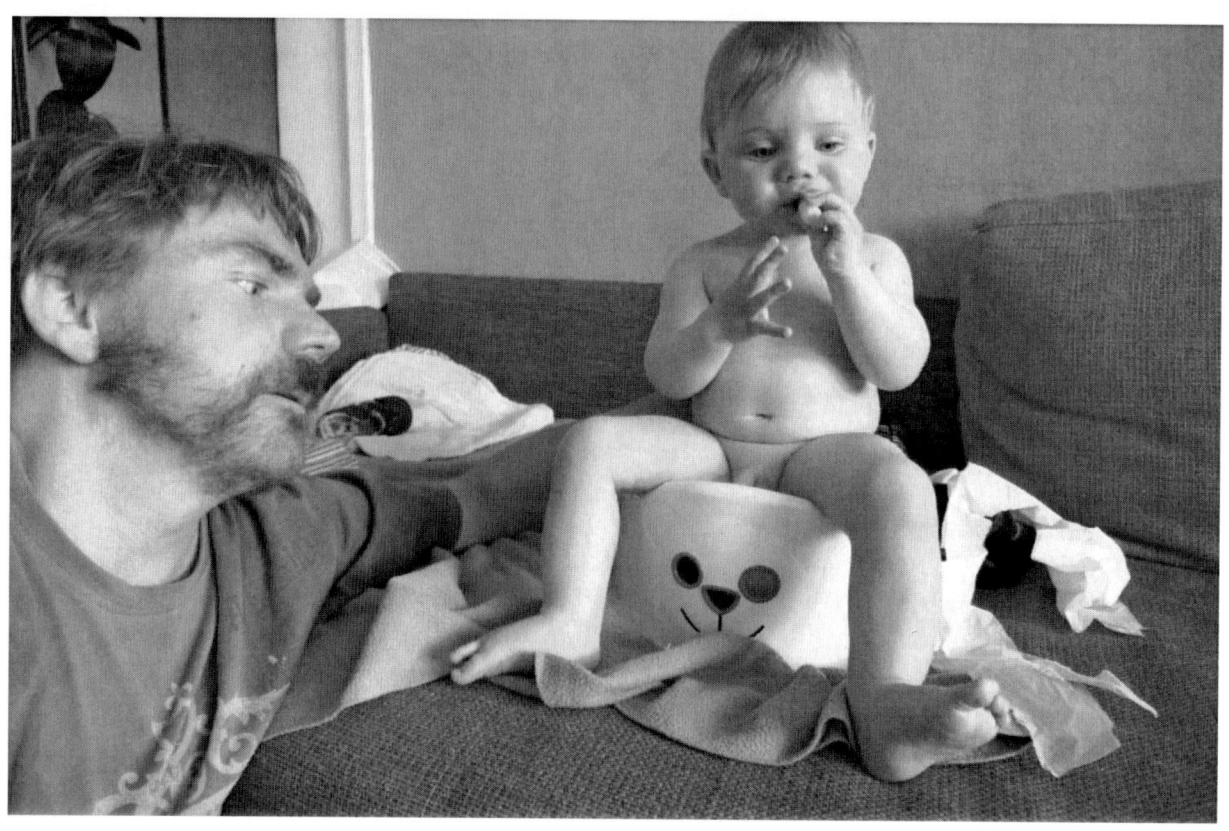

Jáchym, 9 Monate alt, genießt bereits die Eigenständigkeit durch seine sichere Sitzposition.
Er ist sich schon so sicher in der Ausscheidung, dass er sich schon anderen Dingen widmen kann.
Sein Vater ist bei Bedarf anwesend und bietet ihm den nötigen Halt.

Lauf-Alter
Kennzeichen:
- Das Kind zeigt klare Vorlieben über die aktive Abhaltetechnik
- Oft lange pannenfreie Intervalle
- Kind lernt selbstständig die Hose zu entfernen
- Alleiniges Ausscheiden auf dem Topf
- Ab etwa 1 ½ bis 2 Jahre: Alleiniges Ausscheiden auf der Toilette wird erlernt

Im Laufalter sind Sie mit Ihrem Kind bereits ein gut eingespieltes Team. Sie kennen die Signale des Kindes und das Kind kann auf Ihre Reaktion vertrauen.

Im Laufalter ändern sich die Ausscheidungsbedürfnisse des Kindes noch einmal. Gewohnte Abhaltetechniken sind unter Umständen nicht mehr möglich, da sich manche Kinder weigern und ein ganz klares „Nein" signalisieren. Gehen Sie den Weg, den das Kind wünscht. Manche Eltern beginnen hier einen Toilettenaufsatz zu nehmen. Andere wiederum befürworten nach langem Abhalten über einem Waschbecken nun doch ein Töpfchen. Es wird meist eine Methode Akzeptanz finden, in denen Kinder aktiver in den Ausscheidungsvorgang eingebunden sind. Das heißt, dass die Kinder nun selbst zum Topf oder zur Toilette gehen möchten. Unsere windelfreie Tochter begleitete oft ihre große Schwester mit auf die Toilette und somit wollte sie sich relativ früh auch dort hinsetzen und ausscheiden. Die Vorbildfunktion von größeren Geschwistern oder den Eltern helfen den Kindern am meisten sich zu orientieren. Nehmen Sie also ruhig auch Ihr Kind mit, wenn Sie selbst auf die Toilette gehen, zeigen Sie ihm, welche Rituale (wie Händewachen, etc.) Sie selbst haben.

Mara ist mit 15 Monaten komplett sauber.
Sie meldet sich eigenständig zur Ausscheidung,
zieht sich selbstständig aus und benötigt nur noch Hilfe, um die Toilette zu erreichen.

Der Radius, den das Baby zurücklegt, wird größer, aber durch Ihre gute Intuition müssen Sie nicht ständig hinter dem Baby sein, um ja keine Ausscheidung zu verpassen. Sie beide werden wissen, wie schön und gut es sich anfühlt, auch ohne Worte liebevoll miteinander umzugehen. Dieser Respekt und gegenseitige Würde, auch für die Ausscheidung, fasziniert mich und viele andere Mütter immer wieder.

Muss mein Kind vollkommen ohne Windeln aufwachsen?

Es gibt bei der windelfreien Methode mehrere Vorgehensweisen. Manche Eltern möchten ihr Kind ganz ohne Windeln aufwachsen lassen. Andere versuchen so oft wie möglich darauf zu verzichten, ziehen aber gelegentlich Windeln an, zum Beispiel nachts oder unterwegs. Wieder andere verwenden immer Wegwerf- oder Stoffwindeln, halten das Kind aber regelmäßig ab. Der Weg, der zur jeweiligen Familie passt und gewählt wird, ist der richtige. Und jeder Weg ist sehr individuell – eben so einzigartig wie die Eltern-Kind-Beziehung. Die Vorgehensweise kann auch zwischendurch wechseln, von anfangs gelegentlichem Windeleinsatz hin zur kompletten Windelfreiheit mit einigen Monaten. Auch in Trotzphasen und bei Entwicklungsschüben kann ein Schritt zurück zur Windel hilfreich sein.

Allerdings muss dabei eines beachtet werden: Kinder brauchen Orientierung und klare Linien. Wechseln Sie ständig zwischen Windel und Windelfreiheit ab, kann sich das Baby kein klares Bild machen. Es weiß nicht, wo die Ausscheidungen nun hin gehören, da die Kommunikation nicht mehr stimmig ist. So sollte auch trotz des Tragens von Windeln oder Trainingshosen regelmäßig abgehalten werden, um dem Kind eindeutig die Grundinformation zu vermitteln.

> Wir waren zwei Wochen im Urlaub und hatten, so dachten wir zumindest, nicht immer die Gelegenheiten unser sieben Monate altes Kind rechtzeitig abzuhalten, so zogen wir ab und zu eine Windel an.
> Unser Mädchen wurde sehr irritiert mit der Folge, dass sie nach dem Urlaub 2-3 Wochen benötigte, um wieder zu wissen, dass die Exkremente in den Topf bzw. in die Toilette gehören und nicht in die Hose.

Je klarer die Botschaft der Eltern an das Kind ist, umso sicherer fühlt sich das Kind und umso leichter klappt es automatisch. Dieses Phänomen kann nicht nur bei der Ausscheidung beobachtet werden, sondern bei allen Fragen der Erziehung. Eine klare Konsequenz bietet Kindern genau diesen Rahmen um Orientierung und Sicherheit in der jeweiligen Situation zu erfahren.

Ein windelfreies Baby benötigt in der Lernphase mehr Beachtung bezüglich der Ausscheidung.
Das bedeutet, dass die Eltern ihre Aufmerksamkeit schärfen und Ausscheidungsrhythmen intensiver beobachten müssen. Sie stellen sich aufeinander ein und lernen sich kennen. In dieser Zeit bildet sich eine harmonische, kommunikative Beziehung zwischen ihnen. Gerade Mütter, die beide Varianten – mit und ohne Windeln – benutzten, wissen um die positive Eigenschaft der frühen Bewusstheit mit intensiver Interaktion.

Wählen Sie – aus welchen Gründen auch immer – dennoch eine Einlage oder Windel für Ihr Baby aus, sind folgende Dinge hilfreich:

Erhalt der Bewegungsfreiheit:
Auch wenn die Industrie die Raffinessen ihrer Produkte hervorhebt wie zum Beispiel möglichst lange Trockenzeiten, sollte die Windel nach der Ausscheidung gewechselt werden. Babys produzieren sehr viel Urin im Verhältnis zu Körpergewicht und Größe. Je länger sie nicht gewickelt werden, umso schwerer wird die Windel und die natürliche Bewegung und Haltung des Kindes wird deutlich eingeschränkt. Zusätzlich zur Windel trägt das Kind ein bis mehrere Lagen Kleidung, was die Bewegungsfreiheit des Kindes weiter einschränkt. Sind sie nackt oder dünn bekleidet, spielen sie voller Lebensfreude und Elan.
Kleidung lässt sich aufgrund der klimatischen Bedingungen nicht immer reduzieren, Windeln hingegen sind wunderbar ersetzbar. Herkömmliche Stoffwindeln, die zwar gut im Trage- und Saugkomfort sind, bedeuten meist noch mehr Bewegungseinschränkung, da sie dicker als Wegwerfwindeln sind.
Windelersatzprodukte, wie Überhosen mit Einlagen, können einen Mittelweg zwischen Windelfreiheit und klassischem Wickeln bieten, da sie wesentlich dünner sind, schnell und praktisch anzuwenden sind und doch einen gewissen Auslaufschutz bieten.

Abhalteversuche trotz Windel

> In den ersten Wochen, in denen wir noch Einmalwindeln verwendeten, hielten wir unsere Tochter dennoch regelmäßig ab. Entweder reagierten wir auf ihre Signale oder wir versuchten unserer Intuition freien Raum zu gewähren und antworteten mit einem Abhalteversuch. So blieb die Windel oft viele Stunden komplett trocken, aber die Klebestreifen waren sehr verbraucht, dass wir die Windel nur aufgrund des Verschleißes erneuerten. Sehr schnell war sie in ihrem Tragekomfort eingeschränkt – Scheuer- und Druckstellen können entstehen. Nachdem wir feststellten, dass die Windel sehr oft trocken blieb, entfernten wir die Windel umgehend aus unserem Alltag und verwendeten sie nur selten in besonderen Situationen.

Bei Stoffwindeln sollte auf eine Technik geachtet werden, die schnell zu öffnen und wieder verschließbar ist, da gerade kleine Babys noch recht häufig ausscheiden. Einlagen zu passenden (Schlitz)-hosen helfen, trotz Nässeschutz regelmäßig und schnell abhalten zu können.

Kann ich die Windel nur zuhause weglassen oder auch unterwegs?

Zu Hause
Die Eltern windelfreier Babys, die ich in Vorträgen und Seminaren kennenlernen durfte, begannen die natürliche Pflege in gewohnter Umgebung zuhause. Schnell fanden sie ihren ganz eigenen Ablauf und Handhabung im Umgang mit der neuen Situation. Positiv empfanden viele Eltern die Unabhängigkeit, die diese Art der Babyversorgung mit sich bringt. Sie brauchen keine Wickeltasche, keine Wickelunterlage, kein Wickeltisch, keine Feuchttücher, keine Windeleimer, keine Tüte, um gebrauchte Windeln einzupacken. Lediglich ein paar Einlagen für die Hose und den Liegebereich sowie einen Nässeschutz für eine Trage oder Tragetuch bieten gerade in den ersten Wochen der Anwendung Erleichterung.

Unterwegs
Die größten Bedenken bezüglich der Windelfreiheit haben Eltern bei dem Gedanken an Ausflüge. Windelfreiheit zuhause ist ja noch vorstellbar – doch unterwegs? Was mache ich mit dem Baby beim Einkaufen? Beim Spazierengehen? Im Café?

Mara, 16 Monate:
Ein kleiner Grünstreifen in der Großstadt bot uns die Möglichkeit
unser Mädchen kurz abzuhalten.

Hier braucht man ein bisschen Mut und den Entschluss, es einfach einmal auszuprobieren. Ersatzkleidung kann im Bedarfsfall helfen, nasse Kleidung rasch wechseln zu können. Während Sie anfangs noch mit Einlagen einen Ausflug starten, können Sie bei kleinen Unternehmungen versuchen die Windel zunächst wegzulassen und bei Bedarf unterwegs abzuhalten. Dehnen Sie die Zeit ohne Windel langsam aus, bis Sie schließlich so viel Routine und Selbstverständnis erreicht haben, dass Sie ohne Sorge die Unternehmung durchführen können. Dünne Einlagen können geringe Mengen Urin aufsaugen und erleichtern Ihnen vielleicht die Umstellung von der Windel zur Windelfreiheit.

Ein windelfreies Baby kann fast überall abgehalten werden und die Genitalien werden beim Abhalten nur minimal beschmutzt, sodass sie bei Bedarf sehr schnell gereinigt werden können. So kann auch ein Baby bei kälteren Temperaturen sehr schnell ausscheiden, ohne dass es stark auskühlt oder es erst an Genital- und Beinbereich umständlich ausgezogen werden muss. Ein kurzes Herabschieben der Kleidung reicht in den meisten Fällen aus. Ein Body, der unten zugeknöpft ist, bietet hier meist jedoch weniger rasches Reaktionsmöglichkeit, sodass Sie vielleicht besser auf lange Unterhemdchen oder T-Shirts zurückgreifen, die warm halten und dennoch ein rasches Ausziehen erleichtern. Allerdings verbessern einige Dinge die windelfreie Methode. Kinder sind unterschiedlich und haben auch verschiedene Vorlieben beim Ausscheiden. Wir hatten Monate, da wollte sich meine Tochter nicht über eine Toilette abhalten lassen, sondern nur auf den Topf gehen. Wir hatten ein sehr kleines Töpfchen, das sowohl im Netz unter unserem Kinderwagen verstaut werden konnte, als auch in einem Rucksack Platz fand. Nachdem wir keine Windeln und Windelprodukte für unterwegs benötigten, hatten wir dafür immer Platz. Andere Eltern berichteten mir, dass sie lieber ein Handtuch oder eine Einlage mitnahmen und das Kind unterwegs darauf ausscheiden ließen. Nicht immer finden sich eine Toilette, ein Baum oder eine geeignete Stelle, um das Kind kurz abhalten zu können. In diesen Fällen bietet sich auch mal ein Ablaufschacht auf der Straße an. Auch in Lokalen oder Geschäften können Sie nach einer Toilette bitten. Wir machten sehr gute Erfahrungen, als wir dort baten mit unseren Kindern kurz die Toilette zu benutzen. Nicht immer bot sich jedoch eine Toilette in Reichweite an, so hatten wir öfters die Situation, dass wir vollbepackt in einem Geschäft waren, als eines meiner Kinder meldete, dass es nun ausscheiden müsse. So ließen wir den Einkaufswagen kurzerhand stehen und verließen das Geschäft, um ein passendes Örtchen zu suchen. Meist fanden wir einen Grünstreifen, der ein kurzes Urinieren ermöglichte und wir anschließend den Einkauf fortsetzen konnten.

Diese Hilfsmittel erleichtern die Windelfreiheit unterwegs:
- Möglichst auslaufsichere Tüte oder Tücher zum Einpacken von Stuhl, falls eine unmittelbare Entsorgung nicht möglich ist
- Ein kleines Töpfchen (ideal ist ein Asiatöpfchen oder eine kleine Schüssel)
- Toilettenpapier zum Reinigen
- Ersatzkleidung und Ersatzeinlagen

Im Garten, Park oder im Wald

Viele Familien genießen auch die Freiheiten in der Natur. Babys können ungezwungen abgehalten werden, wobei Sie die nötige Ruhe in der Umgebung finden, um entspannt loslassen zu können. Sind die Kinder bereits im Laufalter, suchen sich windelfreie Babys auch schon mal alleine eine geeignete Stelle, um dem natürlichen Drang des Ausscheidens nachzugeben. So lernen die Kinder rechtzeitig sich um ein geeignetes Plätzchen zu bemühen, bevor die Hose nass wird.
Besonders im Garten und auf öffentlichen Grünflächen sind Regeln für die Kinder wichtig. Sie sollten lernen, wo und vor allem wo nicht ausgeschieden werden darf.

> Wir vereinbarten mit unseren Kinder, dass nur der Urin im Garten ausgeschieden werden darf und das auch nur hinter einem bestimmten Baum. Ungern wäre ich im Garten spazieren gegangen mit der Sorge, unerwartet auf feuchte, glitschige Stellen zu treten. Auch auf Rücksicht vor Besuchern im eigenen Garten oder in Grünanlagen versuchten wir geeignete Stellen zu finden. Zuhause wurde Stuhlgang prinzipiell im Haus auf dem Topf oder der Toilette ausgeschieden. Interessanterweise schieden unsere Kinder unterwegs kaum Stuhl aus. Sie genossen die Ruhe zuhause und so hatten wir nur sehr wenige Augenblicke, in denen sie unterwegs Stuhl ausscheiden wollten. Mussten sie Urin ausscheiden, gaben sie uns zunächst ein Zeichen oder versuchten selbst zu dem vereinbarten Baum zu kommen, denn sie wussten durch regelmäßige Wiederholungen, dass hier der Platz zum Urinieren war.

Im Schwimmbad

> Als ich einmal im Schwimmbad war, traf ich eine Mutter mit ihrem Baby. Plötzlich begann das Kind an der Badehose zu nesteln. Die Mutter nahm das Kind hoch, ging mit ihm zur Toilette und ließ es ausscheiden. Ich war sehr überrascht und sprach die Mutter an, ob meine Beobachtungen gerade richtig waren und wir waren beide stolz, wie wunderbar mit dem eigenen Kind kommuniziert werden kann. Der elf Monate alte Junge signalisierte sehr gut und die Mutter reagierte umgehend auf das Bedürfnis. Auch meine eigenen Erfahrungen deckten sich mit den Aussagen dieser Mutter. Meine Tochter hatte keine Schwimmhöschen an, sondern eine ganz einfache Badehose. Als ihre Blase voll war, meldete sie sich immer und gab mir ganz deutlich zu verstehen, dass sie jetzt abgehalten werden möchte. Die Berührung mit dem Wasser hatte erstaunlicherweise nicht den Reiz zum Urinieren ausgelöst, wie ich anfangs vermutet hatte. Stuhl schied sie in solchen Momenten nie aus. Dafür wählte sie lieber ein gewohntes Örtchen.
> Ähnlich verhielt sie sich in der Badewanne. Auch dort kommunizierte sie mit mir. Mit wenigen Monaten urinierte sie vor dem Baden, so blieb das Badewasser immer frei von Ausscheidungen. Später zog sie sich am Rand hoch, stellte sich hin und gab mir zu verstehen, dass es wieder mal soweit wäre.

Sind Sie sich unsicher, ob ein Besuch im Schwimmbad pannenfrei verläuft, sollten Sie Ihr Baby vor dem Baden abhalten. Sie kennen den Rhythmus des Kindes und so können Sie es in regelmäßigen Abständen unter Berücksichtigung der Trinkmenge abhalten.

Windelfreiheit

abhängig von der Jahreszeit

Winter – Sommer
Ein Baby im Sommer nackt spielen zu lassen praktizieren viele Eltern. Für einige Kinder war es der Beginn des Sauberkeitstrainings. Der Genitalbereich eines Wickelkindes wird zwei, drei Jahre lang permanent eingepackt und so erfreuen sich gerade diese Babys daran, einen Sommertag lang ohne Windeln sein zu dürfen. Das Krabbeln und Laufen fällt nackten Babys viel leichter und so genießen die meisten Babys die neu gewonnene Freiheit. Dass Urin und Stuhlausscheidungen erst einmal unkontrolliert laufen und sichtbar werden, sind für die meisten Babys überraschend und spannend zugleich.
Wie sieht es allerdings im Winter aus? In unseren Breitengraden kann man ein Baby nur bedingt nackt spielen lassen, da es sehr bald auskühlen würde.

> Sehr oft waren wir mit unseren drei Kindern am nahegelegenen Wald spazieren und so manches Mal dachte ich nach, was wohl passieren würde, wenn plötzlich die Hose nass wäre und ich bei frostigen Temperaturen ein Kind umziehen müsste. Da schreckte ich manchmal zurück und zog ihnen bei längeren Ausflügen in der Natur Trainingshöschen an oder legte Einlagen in die Unterhose, um eventuelle Pannen aufzufangen und ein komplettes Umziehen bei niedrigen Temperaturen zu vermeiden. Zwischendurch hielt ich sie dann ab und die Einlagen waren nur sehr selten nass. Bei Übergangstemperaturen zogen wir aber nur die gewohnte Kleidung an und hielten sie regelmäßig ab. Anstatt einer Wickeltasche mit allerlei Ausrüstung hatte ich anfangs nur Ersatzkleidung dabei, die ich aber mit einem halben Jahr auch bei kleineren Ausflügen zu Hause ließ. Oft vergaß ich auch Ersatzkleidung mit einzupacken, da wir meist ohnehin wieder trocken zu Hause ankamen. Erst wenn ich mich mit Müttern traf, die ihre Kinder herkömmlich wickelten, merkte ich, wie frei es sich anfühlt, all diese Utensilien nicht ständig dabei haben zu müssen.

Klimatische Bedingungen prägen entscheidend die Kultur, Lebensweise und Tradition eines Volkes. Nicht ohne Grund hielt sich die Windelfreiheit über viele Jahrhunderte in wärmeren Regionen, da die Kinder die überwiegende Zeit im Freien verbringen. Die Spuren von Pannen sind in der Natur schnell verwischt, sodass auch ein klassisches Sauberkeitstraining ohne bewusstes Hinhören auf das Baby scheinbar leichter und automatischer vor sich geht. Es liegt aber sicherlich nicht nur an den klimatischen Bedingungen, sondern auch an einem lockeren Lebensgefühl, das viele Südländer ausstrahlen.

Trotz dieser scheinbaren Vorteile lässt sich die windelfreie Babypflege auch in kälteren Regionen wunderbar umsetzen. Ein gutes Beispiel bietet hier das Volk der Inuit, die ihre Kinder sehr früh nach der Geburt an das Abhalten heranführen.

In meinen Vorträgen erhielt ich immer wieder den Einwand, dass Windelfreiheit in südlichen Ländern ja funktioniere, aber im kühlen Deutschland gehe das nicht. Bei der windelfreien Handhabung sind die Babys weder ständig nackt, noch werden sie zu kalt angezogen. Mir war es immer wichtig, dass sich unsere Kinder ebenso warm und geborgen fühlen, wie es scheinbar Wickelkinder sind. Gerade in kühlen Monaten legte ich besonderen Wert auf ausreichend Wärme – sei es durch meine Körperwärme im Tuch oder durch ihre eigene Wärme mit entsprechender Kleidung. In den letzten zehn Jahren entwickelte sich der Markt für windelfreie Babykleidung stark. Wärmende Kleidung mit schneller Abhaltemöglichkeit wurde kreiert, um ein Ausscheiden zügig durchführen zu können. Nachdem die Genitalien des Kindes trocken bleiben, entfällt auch ein nasskühles Hautmilieu und die Wärme bleibt dem Kind erhalten.

Aber auch mit „normaler" Kleidung können Sie Ihr Kind warm halten und trotzdem regelmäßig abhalten.

Es kommt auch mal anders …

Krankheit des Kindes

Während meiner Arbeit in einem indischen Hospital pflegte ich unter anderem einen einjährigen Jungen, der hoch fieberte. Er wurde von seiner Mutter liebevoll gewiegt und getragen. Der nackte Junge, der nur sehr leicht in Tücher gewickelt war, ließ plötzlich seinen Urin laufen, und sowohl er als auch seine Mutter wurden nass. An der Reaktion der Mutter erkannte ich, dass sie ebenfalls überrascht war. Sie war es offenbar nicht gewohnt und rechnete in dem Augenblick nicht damit, dass ihr Sohn spontan urinierte. Als er nach einigen Tagen wieder gesund war, signalisierte der Junge wieder rechtzeitig, sodass die Mutter den Raum verließ und das Kleinkind absetzte.

Bei latenten Krankheitsverläufen signalisieren die Kinder meist weiter und interagieren gezielt mit den Eltern. Beeinträchtigt die Erkrankung das Kind stärker, hören manche Kinder auch auf zu signalisieren oder die Hinweise sind weniger zielgerichtet. In diesen Momenten bietet es sich an, auf Einlagen oder Windeln zurückzugreifen, bis sich der Gesundheitszustand stabilisiert hat. Ist das Kind wieder gesund, kann es jedoch einige Tage, manchmal auch Wochen dauern, bis das Kind im gewohnten Rhythmus ist und das Zusammenspiel mit Signalgabe wieder funktioniert. Trotzdem sollten Sie in dieser Phase Ihr Kind regelmäßig abhalten.

Windelfrei bei Durchfall

Haben Babys Durchfall – bedingt durchs Zahnen oder eine Magen-Darm-Infektion – haben die Eltern Bedenken, immer rechtzeitig abhalten zu können. Aus Angst vor unangenehmen Pannen verwendeten viele Windelfrei praktizierende Eltern größere Einlagen oder Windeln. Interessanterweise gibt es, so berichteten mir Mütter trotz der Krankheitssituation, kaum mehr Pannen als bei voller Gesundheit. Nutzten sie Windeln, konnten sie beobachten, dass die Haut im Intimbereich schneller Reizungen davontrug. Ohne Windeln war die Haut trotz intensiver Beanspruchung während der Durchfallzeit intakt und frei von Rötungen oder Hautirritationen. Verwenden Sie bei einer Krankheitssituation eine Windel, ist hier besonders auf ein trockenes Hautklima zu achten. Die Windeln sollten gleich nach dem Nasswerden gewechselt werden, denn die Haut ist bei einer Erkrankung empfindlicher und die Ausscheidungsprodukte aggressiver. Es spricht allerdings auch während der Krankheitsphase nichts gegen ein Abhalten, dennoch sollten Sie abwägen, ob ein schnelles Abhalten oder eine Windel in dem Moment entspannter erscheint und der Gesundwerdung des Kindes am ehesten dient.

Fieber

Ähnlich gestaltete sich die Windelfreiheit bei einem fiebernden Kind. Durch Weglassen von Windeln überhitzen die Babys nicht, ein Fiebermessen ist sehr einfach und das Hautmilieu im Intimbereich bleibt intakt. Die Urinmenge, die bei Fieber aufgrund von größerer Verdunstung, stärkerem Schwitzen und meist geringerem Appetit und Durst reduziert ist, können Sie beim Abhalten gut beurteilen und die Flüssigkeitszufuhr situationsbedingt erhöhen.

Krankheit der Eltern

Wie verhalten Sie sich, wenn Sie selbst erkranken und den Signalen Ihres Kindes nicht mit voller Aufmerksamkeit folgen können?

Idealerweise haben Sie Zeit sich von der Erkrankung zu erholen – bei Eltern mit kleinen Kindern ist dies jedoch nicht immer möglich – so sollten Sie die Umgebungsfaktoren möglichst erholsam gestalten. Sprechen Sie mit Ihrem Kind, dass heute eine Ausnahme ist. Das eine oder andere wird es bestimmt verstehen. Halten Sie das Kind überwiegend auf der Toilette ab, können Sie es in solchen Momenten bei Toleranz der Kinder auch einmal auf einem Topf ausscheiden lassen, das neben Ihrem Ruheplatz steht. Kinder spüren oft, wenn die Umstände andere sind und kooperieren häufig. Auch Geschwisterkinder können in diesen besonderen Momenten vermehrt mit einbezogen werden, um das Baby abzuhalten.

Nach der Erkrankung können Sie wieder wie gewohnt Ihr Kind absetzen. Und falls ein Abhalten während der Phase nicht möglich ist, fühlen Sie sich so frei, und verwenden Sie Einlagen oder Windeln. Eine kurze Übergangszeit mit vermehrten Pannen nach der Benutzung von Windeln kann jedoch auftreten, die in den meisten Fällen aber schnell überwunden wird.

Urlaub

Windelfrei lässt sich auch im Urlaub gut integrieren.
Ein Spieleimer am Strand dient Jeremias als Töpfchen.

Endlich Urlaub – oft lang ersehnte Momente erwarten einen. Doch wie soll die windelfreie Babypflege im Urlaub funktionieren? Am Strand? Im Hotel? Bei langen Autofahrten?
Viele Fragen treten auf – und die Antworten sind relativ einfach. Je mehr Sie bereits im Einklang mit Ihrem Kind leben, desto selbstverständlicher wirkt sich die windelfreie Zeit auch im Urlaub aus. Ein Kind kann ebenfalls abgehalten werden wie zuhause. Manchmal findet man jedoch nicht immer eine Toilette oder einen Busch, um ein Kind mit dringendem Bedürfnis schnell abhalten zu können. Am besten für die Familie ist es, wenn alle unbeschwert und nicht ständig in Sorge sind, dass das Kind in einem unpassenden Moment auf die Toilette müsste.

Folgendes hat sich bewährt:
- Kind weiter ohne Windeln lassen, wenn Toiletten und Abhaltemöglichkeiten bestehen
- Kind weiter ohne Windeln oder Backup (z.B. Einlage mit Fixierhöschen) lassen, solange sich keine Ausscheidung ankündigt. Meldet sich das Kind, sprechen Sie mit ihm, dass es nun eine Windel erhält und in diese ausscheiden kann. Anschließend wird gleich gewechselt.
- Sorgen Sie sich um Pannen oder ist eine Wickelgelegenheit nicht möglich, können Sie vorsichtshalber eine Einlage oder Windel verwenden. Vereinbaren Sie mit Ihrem Kind, dass es jetzt in dieser Situation ausscheiden soll. Anschließend sollten Sie das Kind aber rasch wickeln, denn gerade windelfreie Babys finden diese Situation mit einer vollen Hose äußerst unangenehm.
- Ein kleiner, auslaufsicherer Topf, transportiert unter einem Kinderwagen oder in einem Rucksack, erleichtert ein Ausscheiden, vor allem wenn kein geeigneter Ort in erreichbarer Nähe ist. Bei der nächsten Gelegenheit kann geleert werden. Auch verschließbare Schüsseln bewähren sich hier.
- Viele Kinder scheiden Stuhl nur in gewohnter und vor allem ruhiger Umgebung aus. Aus eigenen Erfahrungen und von Erzählungen weiß ich, dass viele Babys Stuhl erst zuhause ausscheiden wollen, da für die Ausscheidung scheinbar eine größere Entspannung als beim Urinieren nötig ist. Bei längeren Urlaubsreisen sollte eine angenehme Umgebung bereitet werden. Bei Ruhe und Gelassenheit können die Baby dann vielleicht doch am fremden Ort loslassen und eine Verstopfung kann vermieden werden.

Kinder lieben Rituale und gleichbleibende Gewohnheiten. So überlegten wir uns, wie das Ausscheidungsverhalten im Urlaub wohl sein würde und wie wir unserer Tochter die vertraute Umgebung schaffen konnten. Wir entschlossen uns, ihr kleines Töpfchen in unser Reisegepäck zu packen, da unsere Kleine in ungewohnter Atmosphäre schlecht ausschied. Lange überlegte ich, ob ich für unsere 1 ½-jährige Tochter, die bereits Tag und Nacht sauber war zur Reserve Windeln einpacken sollte. Eine lange Busfahrt und Flugreise standen uns bevor und ich wusste nicht, ob sie die Fahrzeit gut überstehen würde. So zog ich ihr im Flugzeug und im Bus jeweils eine Windel an, aber als wir nach 12 Stunden Reisezeit ankamen, war die Windel immer noch trocken. Jedes Mal signalisierte sie rechtzeitig und als wir im Bus eine kurze Pause einlegten, hielten wir sie schnell ab und die Fahrt ging weiter. Erstaunte Blicke und Kommentare der Mitreisenden bescherten uns lustige Augenblicke. Meine Zweifel über ihre Fähigkeiten waren unbegründet, was mir zeigte, dass ich ihr wunderbar vertrauen konnte. Die Rückfahrt verlief dann ohne Windel. Für einen zweiwöchigen Urlaub packte ich nur fünf Windeln ein. Zwei waren gedacht für den Hinweg, zwei für den Rückweg und eine Reserve. Und keine benötigte ich. Auch unseren Sohn setzten wir im Urlaub oder bei Ausflügen regelmäßig ab. Er war es gewohnt und es war für ihn selbstverständlich, regelmäßig abgehalten zu werden. Gezielt schied er aus und genoss gerade an warmen Sommertagen ohne Windel zu sein.
Ein erlebnisreicher Tag …
Wir hatten einen langen Tag hinter uns und kamen sehr spät im Urlaub an unser Hotel. Unsere große Tochter schlief bereits im Kinderwagen und unsere kleine Tochter vergnügte sich in der Trage. Die Windelfreiheit funk-

tionierte an diesem Tag pannenfrei, da wir bereits ein sehr eingeübtes Team waren. Mein Mann versuchte an der Rezeption des Hotels ein Zimmer zu bekommen, während unsere Tochter von der Trage aus über die Schulter blickte. Sie zappelte und wir interpretierten ihren Bewegungsdrang mit der Unruhe des Tages. Einen Augenblick später erkannte ich, dass unsere Tochter urinierte und mein Mann mit angespanntem Rücken an der Rezeption stand, denn unsere Tochter urinierte. Ein langsames Hinabfließen des Urins bis auf den Boden war zu erkennen. Nach der ersten Schrecksekunde mussten wir beide schmunzeln und wussten, dass es nun Zeit wurde, Ruhe in den Abend zu bringen.

Bergwanderungen ...
Bei einer längeren Bergwanderung mit unserer großen Tochter nahmen wir selbstverständlich eine Wickelausrüstung mit. Sie fiel damals schon sehr gering aus, dennoch planten wir eine längere Tour, sodass wir mehrere Windeln mitnahmen. Eine Entsorgungsmöglichkeit gab es auf der ganzen Strecke nicht, also waren wir gezwungen unseren Müll auch wieder mitzunehmen. Anfangs war das natürlich kein Problem, aber nach mehreren Stunden Gehzeit füllte sich unser Rucksack mit vollen Windeln.
Die gleiche Strecke wanderten wir einige Jahre später mit unserer windelfreien Tochter, die ebenfalls in der Trage die Berge erlebte. Der Unterschied war jedoch sehr groß. In unserem Gepäck befanden sich keine Ersatzwindeln oder bereits benützte Windeln. Eine Garnitur Ersatzwäsche trugen wir zur Sicherheit mit uns, hielten aber unsere Tochter bei Bedarf ab. Wir empfanden die Windelfreiheit gerade in diesem Moment sehr angenehm, da wir keine Wickelgelegenheit suchen und auch keine vollen Windeln rücktransportieren mussten.

Betreuung des Kindes durch andere Personen ...

Nach dem Weglassen der anfänglichen Windel waren wir alle sehr aufgeregt und gespannt. Wir wussten ja nicht, ob unser Versuch und somit unsere Träume realisierbar waren oder ob die Pannen zu häufig auftreten würden. Nach ein paar Wochen bemerkten wir aber erfreut, dass sich schon ein Erfolg eingestellt hatte. Als ich feststellte, dass meine Tochter ausscheiden muss, zog ich sie aus, hob sie über einem Topf ab und hielt sie gut fest, da sie ja noch nicht sitzen konnte. Ich lehnte ihren Rücken an meinen Bauch, dass sie Halt finden konnte. Urin und Stuhl kamen innerhalb der nächsten Minute, ich wischte nur schnell die Ausscheidungsorgane ab und schon konnte sie wieder weiterspielen.
Nach kurzer Zeit versuchte auch mein Mann unsere Tochter abzuhalten. Einige Male funktionierte es, einige Male aber auch nicht. So nahm ich ihm unser Kind kurz ab, hielt es ab und schon schied unsere Tochter aus. Es gab viele Monate, da funktionierte es hervorragend, auch wenn ich als Mutter nicht dabei war. Aber als unsere Tochter zu fremdeln begann (mit etwa sieben Monaten) wollte sie am liebsten von mir abgehalten werden. Ich wusste, dass sie ausscheiden musste, aber sie wollte nicht. Hier war ganz klar zu sehen, dass die Ausscheidung kein zufälliges, unwillkürliches Öffnen der Schließmuskeln war, sondern eine klare, bewusste Entscheidung. Umso älter sie dann wurde, desto einfacher ging es.

Lässt sich Ihr Kind nur von Ihnen abhalten, kann das verschiedene Gründe haben:
- Das Baby hat sich an Ihre Abhaltetechnik gewöhnt. Es kennt Ihre Handhabung, Ihre Signallaute und sie kennt die Umgebung. Mit anderen Personen kann es sich möglicherweise erst langsam entspannen. Vielleicht kann es auch nicht über einer Toilette ausscheiden, weil es bisher immer über einem Töpfchen urinierte. Verwenden Sie also bei fremden Personen das vertraute Töpfchen oder bieten Sie die bekannte Toilette an, dann sind die Chancen oft besser, dass das Baby wieder bewusst ausscheidet.
- Das Baby spürt wohl auch die Unsicherheit oder die Ungläubigkeit der Erwachsenen, dass diese Methode schon mit einem kleinen Baby möglich sei.
- Von anderen Müttern erfuhr ich, dass sie sehr unterschiedliche Erfahrungen mit Fremdbetreuung sammelten. Manche Babys nahmen die Betreuungspersonen sehr gut an und schieden gut aus – bei anderen war es wechselnd bis ablehnend. Eltern windelfreier Kinder sollten in Momenten der Fremdbetreuung loslassen. Sie können die Methodik erklären und zeigen, sodass die Betreuer die Vorgehensweise anwenden können. Die Babys müssen sich aber erst einstimmen und lernen, sich auch in veränderter Umgebung zu entspannen. Die Lernphase wird etwas länger dauern, auch Wochen oder Monate, aber Kinder lernen auch hier nach einer gewissen Zeit, loszulassen. In der Übergangszeit können Sie Einlagen, Trainingshöschen oder klassische Windeln verwenden, denn diese bieten auch den Betreuungspersonen die gewünschte Sicherheit vor plötzlichem Öffnen der Schließmuskeln.
- Die windelfreie, natürliche Babyversorgung wird in vielen Kinderkrippen aufgrund der scheinbaren Mehrbelastung und Konzentration auf dieses Kind abgelehnt. Eltern windelfreier Babys sollten versuchen einen Weg zu finden, der für alle Beteiligten passend erscheint. Wird das Kind während des Aufenthaltes in der Krippe herkömmlich gewickelt, kann es trotzdem in der restlichen Zeit zuhause abgehalten werden. Es dauert sicher länger, bis die Kinder sauber sind, aber sie erlernen dennoch meist früher die Schließmuskeln bewusst wahrzunehmen und Ausscheidungsbedürfnisse eher anzukündigen.
- Bin ich nach einem Ausflug mit meiner Tochter oder mit meinem Sohn nach Hause gekommen, setzte ich sie erst einmal auf den Topf und ein langes Plätschern war zu hören, was mir zeigte, dass sie schon sehr früh lernten, den Urin anzuhalten und in für sie sicherer und vertrauter Umgebung loszulassen. Sie hielten also Urin und Stuhl bewusst zurück, da sie in ungewohnter Umgebung nicht loslassen wollten. Verstopfungen entwickelten sie daraus jedoch nie.

Wie funktioniert das Ausscheiden in der Nacht?

Windelfreie Nacht

Die spannendste Frage, die mir immer wieder gestellt wurde: „Nachts ziehen Sie Ihrem Kind aber schon Windeln an ...", konnte ich nur verneinen und erhielt erstaunte und manchmal auch völlig überraschte Gesichter. Unvorstellbar schien das zu sein. Auch für uns war es am Anfang ungewohnt. Als wir uns für die windelfreie Babypflege entschieden, stand für uns fest, dass wir die Methode während des Tages ausprobieren wollten – aber nachts? Die Idee, ein Kind nachts ohne Windel zu lassen, schien uns sehr neu. Wir wollten, dass unsere Kinder nicht in den eigenen Ausscheidungen liegen – aber ohne Windel schien das auch nicht möglich zu sein. Wir dachten, dass das Bett ständig nass sein würde und wir sahen uns schon vor riesigen Wäschebergen und einem ständig nassen Bett, wo wir mehrmals pro Nacht Bettwäsche wechseln sollten. Beeinflusst durch diese Bedenken verwendeten wir anfangs beim Schlafen Windeln, nahmen sie bei Bedarf ab und wickelten nach dem Ausscheiden wieder. Die Windel war meistens trocken, sodass ein gründliches Reinigen der Genitalien nicht nötig war, und so konnten wir unsere Tochter im Bett wickeln, ohne jedes Mal eine Wickelkommode aufsuchen zu müssen. Das An- und Ausziehen in der Nacht empfanden wir aber im Laufe der Wochen als sehr störend. Die Windelfreiheit, so schien es uns, war anders gedacht – ohne ein lästiges Wickeln und Anziehen. Obwohl wir im „Dunkeln-Wickeln" mittlerweile sehr geübt und schnell waren, war unsere Nachtruhe gestört. Auch unsere Tochter empfand das Wickeln als unpassend und zeigte uns anhand ihrer Körperhaltung, dass sie davon wenig begeistert war. Kurzerhand entschlossen wir uns, das Bett „wasserdicht" umzubauen und die Windel verschwand aus unserem Schlafzimmer.

In einer Diskussionsrunde bei einem meiner Vorträge bekam ich die Frage gestellt, welche Windel es denn gäbe, die besonders gut saugen? Auf die Frage, wofür die Windel denn nötig wäre, bekam ich die Antwort, dass eine „normale" Windel nicht ausreiche, um den ganzen Nachturin zu binden. Die Windel laufe ständig aus und das Kind und das Bett seien immer nass. Daraufhin war ich erstmal überrascht, wie man die Überlegung an noch besser saugende Windeln stellen kann, anstatt das Kind der Natur entsprechend einfach mal nachts auf die Toilette zu setzen. Die Entscheidung, ob die Nacht mit oder ohne Windeln stattfinden soll, müssen die Eltern selbst beantworten. Jedenfalls kann ich mir nicht vorstellen, dass auch nur ein einziger Erwachsener eine Windel tragen möchte, in der mehrmals gepieselt wurde. Warum also machen wir es bei unseren Kindern?

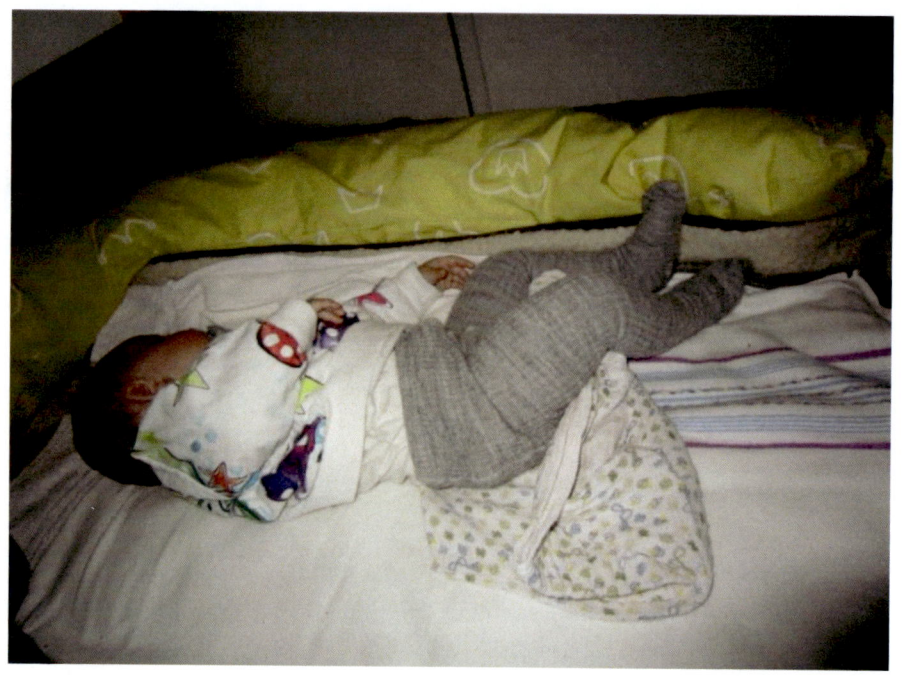

Mara – 3 Monate –
auch nachts ganz ohne Windel und Windelersatzprodukte.

Die erste Nacht ohne Windeln
Zuerst überlegten wir, welche Kleidung angenehm, aber auch praktisch zu öffnen sei. Wir entschieden uns anfangs für weiche Strumpfhosen und Pullover. Auch ein Schlafsack hätte sich hier gut geeignet. Neben einem wasserdichten Laken hatte sie eine Schurwolldecke, die leicht zu reinigen war, als Unterlage. Darüber hatte sie ein Moltontuch, das im Bedarfsfall rasch getauscht wurde. Als kleines „Backupsystem" hatte sie lediglich eine Stoffwindel, die wir bequem unter das Gesäß und Beine legten. Darüber hatte sie eine warme Decke. Ersatzmaterial und Töpfchen hielten wir in greifbarer Nähe parat. Alternativ hätte sich auch eine Einlage in die Hose bewährt.
Unsere Tochter schlief die erste Nacht ohne Windeln deutlich besser als mit. Sie war weniger unruhig und schlief sichtlich entspannter. Sie genoss es in vollen Zügen, endlich auch in der Nacht frei zu sein. Sie wachte wie immer auf, weil sie Hunger hatte, und schied gleichzeitig aus. Schnell säuberte ich sie, zog sie wieder an und legte sie danach ins Bett zurück, ohne erst noch eine lästige Windel im Halbdunkeln anziehen zu müssen. Die

Abhaltetechnik über einem Topf war für uns sehr praktisch und einfach handzuhaben. Wenn unsere Tochter ein Zeichen zum Ausscheiden gab, hielten wir sie ab und das Bedürfnis war oft nach zwei bis vier Minuten erledigt. Der Topf war schnell geleert und für den nächsten Einsatz griffbereit. Unser Sohn trug anfangs ebenfalls noch Einlagen oder Windelprodukte. Als er nach etwa zwei Monaten ein nächtliches Ausziehen und Abhalten tolerierte, begannen wir langsam damit, ihn auch nachts regelmäßig abzuhalten. Rasch gewöhnte er sich an das Absetzen beim Stillen und schied immer häufiger gezielt aus. Ein Schlafen ganz ohne Windel entspannte das nächtliche Absetzen über einem Töpfchen sehr. Unser Sohn lernte die Windelfreiheit in den Sommermonaten, so entschieden wir uns, ihm lediglich ein langes Hemdchen anzuziehen, während er sonst nackt war. Eine Stoffwindel schützte die Decke oder den Schlafsack vor Nässe. Das lästige Entfernen von Windeln und vor allem ein erneutes Anziehen entfielen. So akzeptierte er das Abhalten in der Nacht sehr gut und wir hatten bereits mit drei Monaten kaum Pannen. Schied er entgegen meiner Erwartung nicht aus, legte ich zur Sicherheit ein Moltontuch zusätzlich unter das Gesäß. Dennoch hielt er den Urin meist bis zum Stillen und schied somit beim nächsten Abhalten aus.

Welche Vorteile hat eine windelfreie Nacht

- trockenes und gesundes Hautmilieu
- Wickeln und eventuelles Aufstehen zur Wickelkommode entfällt
- Kinder schlafen deutlich ruhiger wegen eines angenehmen Trockenheitsgefühls
- Ruhe im Schlafzimmer durch gegenseitiges Vertrauen und Einstimmen auf ein gezieltes Ausscheiden
- Wertschätzung des Kindes und der kindlichen Bedürfnisse auch in der Nacht

Wie merke ich, dass mein Kind nachts ausscheiden muss?
Muss ein Erwachsener nachts auf die Toilette, erwacht er nach einiger Zeit aus dem Schlaf. Ganz ähnlich zeigt es sich bei Babys. Ihr Schlaf wird unruhiger, sie drehen sich hin und her und wachen auch langsam auf. Sind die Babys größer, richten sie sich auf und setzen sich auch manchmal hin.
Gerade Neugeborene und kleine Babys können die Art des Bedarfes noch nicht klar äußern und differenziert mitteilen. Dennoch ist ein entscheidender Unterschied zwischen den einzelnen Bedürfnissen zu erkennen. Babys, die nachts Hunger haben oder einfach so aufwachen, öffnen die Augen oder weinen, sie bleiben aber meist liegen. Babys dagegen, die urinieren müssen, versuchen sich zu drehen oder setzen sich auf. Bedingt durch ein instinktives Verhalten wollen sie das Nest – also ihren Schlafplatz – nicht beschmutzen und versuchen diesen zu verlassen. Was in der Tierwelt sehr gut beobachtbar ist, wird auch in der Phase der Windelfreiheit sehr gut sichtbar. Nicht alle Kinder erwachen bei dem Bedürfnis die Blase zu entleeren, aber der Schlaf der Kinder wird unruhiger, sodass auch hier erkannt werden kann, dass die Zeit zum Abhalten gekommen ist. Interessanterweise berichteten mir die Eltern, dass sie oft vorher wach wurden und die Bedürfnisse der Kinder prompt erkannt haben.

Anhand der Ausdrucksweise Ihres Kindes können Sie sehr rasch unterscheiden, ob nur ein kurzer Kontakt durch Streicheln reicht und das Baby wieder in den Schlaf sinkt, es Hunger hat oder ob es abgehalten werden will. Je besser Sie Ihr Baby wahrnehmen, desto klarer werden Sie den Unterschied erkennen. Bei klassischen Wickelkindern fällt diese Differenz gar nicht auf, weil die Ausscheidungsprodukte unerkannt in der Windel verbleiben.

Sie sollten in der Nacht ebenso geduldig sein – dem Kind gegenüber, aber auch sich selbst.

Je mehr Übung Sie in der Technik haben, desto sicherer ist die Trefferquote. Es gab wenige Augenblicke, in denen ich unsere Kinder durch falschen Alarm vergebens abgehalten hatte. In den allermeisten Fällen gaben sie mir die richtigen Zeichen oder mein Gefühl überzeugte mich zu handeln. War ich mir nicht sicher, fragte ich unsere Kinder, ob sie nun ausscheiden möchten und ab einem halben Jahr gaben sie mir verbal oder nonverbal meist die passende Antwort, auf die ich dementsprechend reagieren konnte. In Summe hatten wir nachts viel weniger Pannen als während des Tages, und wir empfanden die nächtliche Windelfreiheit demzufolge als entspannend.

Kinder, die bald durchschlafen und auch nicht mehr nachts trinken, scheiden trotzdem manchmal im Schlaf aus. Eine nasse Windel oder Einlagen sind die Folge. Wenn es für Sie passt, können Sie das Kind einmal pro Nacht abhalten. Empfinden Sie es jedoch als störend, setzen Sie Ihr Kind beim nächsten Erwachen entspannt ab. Sie werden sehr bald merken, mit welcher Vorgehensweise sie besser zurechtkommen.

Anzeichen für ein nächtliches Ausscheidungsbedürfnis

- Unruhe
- Aufwachen
- Weinen und Quengeln
- Wegdrehen oder aufsitzen, selten auch mal aufstehen im Bett
- Beim Stillen und Flasche geben oder kurz danach (Zeitrhythmus)
- Bei Jungs: Aufrichten des Penis, bei Mädchen: vorgewölbter Venushügel
- Signalwörter werden nachgesprochen (etwa ab 15 Monate bis zwei Jahre)

Es gibt jedoch auch Kinder, die nachts nicht oder sehr wenig signalisieren. Werden die Kinder wach, können Sie sie nach einem Zeitschema abhalten. So erkennen Sie sehr schnell den Füllstand der Blase und die Dringlichkeit der Entleerung. Dann können Sie die Ausscheidungsintervalle dementsprechend anpassen. Funktioniert dies nicht, können Sie auch Trainingshosen, Windel oder Einlagen verwenden, um ein häufiges ungeplantes Ausscheiden aufzufangen. Diese können nach Bedarf gewechselt werden und die Nachtruhe bleibt ohne größere Zwischenfälle und Erwartungsdruck bestehen.

Vorgehensweisen in der Nacht:

Manche Kinder scheiden nachts nicht aus und brauchen somit nicht abgehalten werden – andere scheiden 4 – 5 mal aus.

Die Häufigkeit und die Menge der Ausscheidung hängen meinen Beobachtungen nach und einigen Berichten zufolge von verschiedenen Faktoren ab. Das Kind muss die aufgenommene Flüssigkeit (sei es vor den Abendstunden oder nachts) wieder abgeben. Gerade Neugeborene und kleine Babys trinken noch häufiger nachts und haben somit auch ein mehrmaliges Ausscheidungsbedürfnis. Je gehaltvoller die Trinknahrung ist, desto länger dauert es meist, bis die Kinder ausscheiden müssen (Flaschennahrung ist meist konzentrierter). Babys bis zu einem halben Jahr scheiden meist beim Stillen aus, was sich in der Praxis als sehr positiv darstellt. Ein erneutes Aufwachen zwischen den Mahlzeiten entfällt häufig, da die Ausscheidung zusammen mit der nächsten Nahrungsaufnahme erledigt werden kann.

Isst das Kind später viele trockene Speisen wie Nudeln, Brot oder Fleisch scheidet das Baby automatisch weniger Urin aus. Nimmt das Kind dagegen vermehrt Obst und Gemüse zu sich, muss das Kind aufgrund von höherem Wasseranteil häufiger ausscheiden. Besonders gut zu beobachten sind solche Phänomene bei wassertreibenden Lebensmitteln wie Trauben, Mandarinen und Orangen, Melonen, Tomaten oder Gurken. Isst ein Baby diese Speisen in größeren Mengen am Abend, so kann man sich auf ein häufigeres und schnelleres Ausscheiden einstellen. Isst das Kind dagegen dieses Obst und Gemüse eher vormittags und mittags, hat es genug Zeit die Wassermengen unter Tags zu verarbeiten.

Andere Babys müssen nachts ausscheiden, werden aber nicht abgehalten, lediglich nasse Einlagen werden unmittelbar danach getauscht.

Je nach Vorlieben der Eltern kann auch diese Methode angewendet werden. Nach kurzer Beobachtungszeit merken Sie, dass das Baby zu ähnlichen Zeiten in der Nacht ausscheiden muss. Die nasse Einlage wird getauscht und das Baby liegt wieder im Trockenen. Vorteilhaft ist es den Intimbereich abzudecken, damit die darüber liegende Decke nicht nass wird. Für diese Methode sind gut saugende Einlagen und Nässeschutz obligatorisch, da sonst die Umgebung schnell nass wird. Nach meiner Erfahrung eignet sich diese Art nicht bei unruhigen Kindern. Auch liegen die Babys immer wieder in nassen Tüchern. Diese Methode ist eher bei größeren Kindern geeignet, die seltener urinieren.

Scheidet das Kind nur einmal aus, kann eine Windel angezogen werden, bis es uriniert und dann entfernt werden.

Bei dieser Methode geht man davon aus, dass das Baby ebenfalls zu einem bestimmten Zeitpunkt ausscheidet. Danach kann die Windel entfernt werden und das Baby ist die restliche Nacht trocken. Trotzdem muss hier für Nässeschutz gesorgt werden, damit ein nochmaliges Ausscheiden nicht zu einem nassen Bett führt.

Bei Jungen sollte, falls das Kind nackt unter der Decke schläft, auch daran gedacht werden, dass die Decke schnell nass werden kann. Ein kleines Höschen oder ein Tuch zwischen die Beine kann hier Abhilfe schaffen.

Nacht mit Windel

Können Sie sich nicht für eine windelfreie Nacht entscheiden oder toleriert Ihr Kind das nächtliche Abhalten nicht, können Sie selbstverständlich eine Windel anziehen. Die windelfreie Babypflege sollten Sie nur soweit umsetzen, wie Sie sich beide wohlfühlen. Sobald sich jemand unter Druck gesetzt fühlt, sollte lieber ein Schritt zurück zur Windel gemacht werden. Zum Abhalten kann die Windel jederzeit entfernt werden, und wenn das Kind nachts in die Windel ausscheidet, ist es auch vollkommen in Ordnung. Vielleicht kann zu einem späteren Augenblick ein neuer Versuch zur windelfreien Nacht gestartet werden. Unser Sohn wollte sich in den ersten vier Wochen nicht abhalten lassen. Er empfand das Öffnen des Schlafsackes bereits als sehr störend. So hatte er zu Beginn eine Windel, in die er auch ausschied. Nach zwei Monaten begannen wir langsam wieder ihn abzuhalten und er akzeptierte das Absetzen sehr gut. Ein Entwicklungsschritt half uns, die Windelfreiheit auch nachts mit seiner Zustimmung umzusetzen. Innerhalb von zwei Wochen hatte er sich dann gut an die neue Situation ohne Windel gewöhnt und war überwiegend trocken. Er schied 2 - 3 Mal immer beim Stillen aus. Verwenden Sie nachts längere Zeit Windeln, können Sie dennoch unter Tags Ihr Kind abhalten.

**Das Kind scheidet Urin und/oder Stuhl aus,
wird aber nicht wach und die Windel ist am Morgen voll**

Das häufigste Phänomen, das ich bei der nächtlichen Babypflege erlebte, ist, dass Eltern mir berichteten, dass die Kinder am Morgen nass waren. Die Kinder hätten die ganze Nacht durchgeschlafen. Wie verhält man sich in einer Situation? Soll man das Kind wecken? Soll das Kind weiterschlafen?

Eine allgemeingültige Antwort gibt es nicht: Ein Kind nachts zu wecken, ist für die meisten Eltern nicht vorstellbar. Lassen Sie es mich jedoch erklären: Muss das Kind nachts urinieren, ist der Schlaf auf jeden Fall leichter und die Kinder bewegen sich auch oft. In solchen Momenten kann das Kind sanft hochgenommen, abgehalten und wieder in den Schlaf gelegt werden. Das hört sich erst einmal fremd und unangenehm an. Auch wir stellten uns immer wieder die Frage, ob es denn besser sei, die Kinder schlafen zu lassen und eine nasse Windel am Morgen zu wechseln, oder doch in der Nacht ein- bis mehrmals abzuhalten. Für die Entscheidung hilft es, die Kinder zu beobachten. Ein Kind schläft meist vor den Eltern am Abend ein. Gerade in den ersten Monaten erwacht das Baby bis dahin noch einmal, weil es gestillt wird. Bei dieser Gelegenheit kann das Kind abgehalten werden. Der Schlaf ist anschließend auch viel ruhiger, wie wir immer wieder beobachten konnten.

> Unser Sohn trank zwischenzeitlich sehr viel nachts, sodass er dreimal nachts urinierte. Interessanterweise erwachte er vorher immer selbst – ebenso ich natürlich. Er konnte nicht weiterschlafen, bis er ausgeschieden hatte, denn es störte und fühlte sich wohl unangenehm an. Aber auch einfach in die Windeln machen, wollte er offensichtlich auch nicht. Unruhig drehte er sich von der einen Seite auf die andere. Er schlief dabei jedoch. Ganz sanft nahm ich ihn in meine Arme, er schlief weiter oder trank etwas, während er auf dem Töpfchen saß. Nur wenige Sekunden später urinierte er – ohne Signallaute oder sonstiges Einstimmhilfen. Der Harndrang war groß und er pieselte sofort. Die anschließende Ruhe und Entspanntheit überzeugten mich dabei am meisten. Unmittelbar nach dem Ausscheiden legte ich ihn wieder schlafen und er schlief weitere Stunden entspannt und sehr ruhig. Ohne Abhalten (das probierte ich auch mal) drehte er sich noch lange hin und her, bis er resigniert in die Windeln pieselte.

Das nächtliche Abhalten hilft auch bei Wickelkindern, die zwar unter Tags trocken sind, den Weg in die komplette Sauberkeit jedoch noch nicht finden konnten. Sicherlich ist es für die Eltern auch mal unangenehm, aufzustehen, den Schlaf zu unterbrechen, um das Kind abzuhalten. Auch für das Kind ist es manchmal eine Umstellung. Manche Kinder quengeln und wehren sich. Achten Sie auf die Signale und Hinweise Ihrer Kinder, sehen Sie aber auch die Folge, dass die Kinder meist viel besser schlafen und vor allem nicht ständig nass sind. Lernschritte sind nicht immer einfach zu gehen – für Kinder und Erwachsene, doch ein langsames daran Gewöhnen zeigt die Chancen für den Lernschritt.

Hilfsmittel für Windelfreiheit in der Nacht – Topf, Schüssel oder Toilette?

Kreativität und Mut in der nächtlichen Windelfreiheit erleichtern die Anwendung. Mehrmals aufzustehen, um ein Kind zu wickeln oder weite Strecken zur Toilette zu gehen, ist für viele Eltern in der Nacht sehr anstrengend und störend. Ein Töpfchen griffbereit am Bett erleichtert die Windelfreiheit enorm. Das Töpfchen können Sie bei Bedarf holen, der Schlafsack wird geöffnet und/oder die Hose wird herab geschoben und das Baby kann abgehalten werden. Sie können den Topf unmittelbar danach oder erst am nächsten Morgen leeren (Urin von Stillkindern riecht nicht). So können sowohl das Kind als auch Sie schnell wieder in den Schlaf finden und die Nachtruhe ist weniger gestört, da ein lästiges Wickeln entfällt. Mütter, die die Windelfreiheit auch nachts anwendeten, bestätigten mir, dass sie es sich bereits nach sehr kurzer Zeit nicht mehr anders wünschten. Lästige Hosen und Windeln aus- und anzuziehen, konnten sie sich nicht mehr vorstellen, da ein kurzes Abhalten viel geringeren Einsatz abverlangte. Sollten Sie Ihr Kind lieber über Waschbecken oder Toilette abhalten wollen, versuchen Sie es. Auch hier können Sie Ihren ganz eigenen Weg finden, um auch schnell wieder in den Schlaf zu finden.

Unsere Kinder bevorzugten das Abhalten gegenüber dem Wickeln. Unsere Tochter wachte während der Zeit mit Windel viel häufiger auf. Durch die Windelfreiheit entwickelte sie einen ruhigeren und entspannten Schlaf, der auch letztlich uns eine erholsame Nacht bescherte.

Nässeschutz
Die Pannen, die wir nachts erlebten, waren relativ selten. Sehr schnell konnten wir uns auf die nächtlichen Ausscheidungsintervalle einstellen und unsere Kinder kommunizierten ihre Bedürfnisse sehr klar. Passierten dennoch unerwartete Blasenentleerungen, waren uns diese Hilfsmittel dienlich.

Ein Bett für windelfreie Babys besteht zusätzlich aus folgendem:
- Matratzenschutz unter das Laken
- große wasserdichte Einlage (auf das Laken, je nach Vorliebe Stoff, stoffähnlicher Gummi oder Plastik)
- Moltontücher oder Stoffwindel (direkt unter das Gesäß, dienen gerade in der Anfangszeit für guten Schutz)
- Topf und je nach Bedarf Ersatztopf (manche Eltern halten ihre Kinder lieber auf der Toilette ab, dann entfällt der Topf)
- Fell oder Wolleinlagen für kältere Monate (unter die Einlage)
- Eventuell Schlafsack, der gut zu öffnen oder an den Füßen nicht zugenäht ist
- Toilettenpapier zum Reinigen der Haut im Intimbereich
- Zum Wechseln: Einlagen, Laken, Moltontuch, Schlafsack und Schlafanzug, gegebenenfalls eine zweite Decke

Großflächige, gut saugende Einlagen, die entweder unter oder auf das Laken gelegt werden, schützen die Matratze. Die Einlagen sollten so groß sein, dass sich das Kind auch drehen kann und dennoch auf der Einlage liegt. Fixieren Sie dabei die Einlage, um ein Drehen im Bett zu ermöglichen, ohne dass die Einlage verrutscht, denn sonst liegt das Kind auf einem unbequemen Wäscheberg. Wichtig bei den unterschiedlichen Methoden ist es, dass Sie aus Angst vor Unfällen nicht zu viele Tücher übereinander legen. Ein bis zwei gut saugende Tücher reichen vollkommen aus. Passieren in der Nacht nun tatsächlich Unfälle, können Sie durch bereitliegende Reserveeinlagen und Kinderkleidung schnell wieder ein trockenes Bett schaffen. Sie erwerben in den ersten Wochen der nächtlichen Windelfreiheit eine gewisse Sicherheit und erleben, wie reibungslos ein Abhalten für beide sein kann. Die anfängliche Angst und Unsicherheit verschwindet langsam und eine praktische Handhabung ohne Windeln wird sehr bald Routine sein.

Die Wahl der Unterlagen
Stoff
- Angenehmes Hautgefühl
- Kind ist zwar nass, aber Flüssigkeitsmenge an der Haut ist gering

- Gute Saugfähigkeit
- Stoffeinlagen binden nicht die ganze Urinmenge, sondern geben diesen an umliegende Tücher, Matratze etc. ab.
- Waschbar

Gummi
- Als ausschließliche Gummieinlage oder in Kombination mit Stoff erhältlich
- Unangenehmes Hautgefühl bei reinem Gummi, angenehmer bei Stoffanteilen
- Schlechte Saugfähigkeit mit Nässestau
- Halten Feuchtigkeit von der Matratze ab
- Einfache Reinigung durch Abwischen bei reinem Gummi, mit Stoffanteil sind sie gut waschbar und wiederverwendbar.

Plastik
- Meist Einmalartikel mit erträglichem Hautgefühl
- Verbunden mit Wattesaugkern: gute Saugfähigkeit
- Halten die Feuchtigkeit von der Matratze ab
- Auch für Ausflüge und Übernachtungen in fremder Umgebung geeignet

Nachtruhe

Babys wollen, wenn sie nachts Hunger, Durst oder einen Ausscheidungsdrang verspüren, nach Befriedigung des Bedürfnisses weiterschlafen. Das Abhalten über einem Topf oder Toilette sollten Sie folglich ruhig und besonnen durchführen, um ein komplettes Erwachen zu verhindern. Gibt das Kind ein Zeichen zum Ausscheiden, entkleiden Sie es am Unterkörper ganz oder teilweise und halten es je nach Vorliebe über Topf, Schüssel oder Toilette ab. Dabei wird der Signalton gegeben, um ein Einstimmen auf die Entleerung zu fördern.

Das Baby, das warm unter einer Decke oder einem Schlafsack liegt, ist meist nicht begeistert über den Wärmeverlust beim Abhalten. Die Beine können Sie beim Abhalten mit einem warmen Tuch oder einer Decke zudecken, um so die gewohnte Wärme beizubehalten. Bei Tiefschläfern kann es manchmal eine Weile dauern, bis ein Rhythmus gefunden ist, wobei auch hier der Signalton helfen kann.

Routinierte Mütter benötigen gewöhnlich beim Abhalten kein oder nur ein geringes Licht und finden sich im Dunkeln spielend zurecht. Zarte Lichtquellen durch Nachtlampen unterstützen die Atmosphäre und ermöglichen auch nach der Schlafunterbrechung ein rasches Weiterschlafen. Passieren Pannen, sollten Sie auch weiter auf Ruhe achten. Die nassen Tücher sind schnell gewechselt, sodass im Handumdrehen wieder für eine ruhige Nacht gesorgt werden kann. Auch hier bietet es sich an, eine Ersatzgarnitur oder einfach nur ein großes Handtuch in der Nähe gelagert zu haben.

Wird der Schlaf der Eltern durch die windelfreie Babypflege gestört?

Eltern windelfreier Babys empfinden ein nächtliches Abhalten sehr unterschiedlich. Während es für die einen unvorstellbar ist, nachts ein Kind auf der Toilette oder einem Topf abzuhalten, scheint es für andere selbstverständlich, ja sogar erleichternd zu sein. Die Ausscheidungsgewohnheiten von Kindern variieren sehr, sodass Sie sich eine eigene Vorgehensweise und einen Rhythmus aneignen sollten, der möglichst schonend für Sie und Ihr Baby ist.

Im Gesichtsausdruck unserer Tochter konnten wir die Entspannung nach dem Abhalten sehr gut erkennen. Es war eine Wohltat, dass sie ausscheiden konnte und trotzdem im Trockenen weiterschlafen durfte. So waren wir jedes Mal sicher, dass wir den richtigen, natürlichen Weg für sie gefunden hatten. Auch unser Sohn genoss nach der Übungsphase ein nächtliches Absetzen sehr. Je nässer die Windel in den frühen Morgenstunden wurde, desto unruhiger schlief er. War er windelfrei, schlief er während der Nacht ruhiger.

Beim nächtlichen Abhalten war mir wichtig, dass die Nachtruhe, die durch häufiges Stillen bereits mehrmals unterbrochen wurde, nicht noch zusätzlich gestört wurde. Interessanterweise stellte es sich auch so dar: Unsere Kinder erwachten, weil sie Hunger hatten. Sie wurden gestillt und schieden bereits während des Stillens bis etwa eine Minute danach Urin aus. Anschließend legte ich sie in ihr Bett zurück, woraufhin sie gleich weiter schliefen. Nach ein paar Stunden erwachten sie erneut, tranken und schieden aus. Je älter sie wurden, desto länger waren die Intervalle, die sie ohne Trinken und Ausscheiden überbrücken konnten. Stuhl schieden sie nur in den ersten paar Wochen aus, dann entleerten sie den Darm immer tagsüber. Für uns war das nächtliche Abhalten sehr entspannt, da wir uns mit unseren Kindern sehr gut verständigen konnten und ein rasches Weiterschlafen gewährleistet war. Falls es für Sie eher anstrengend ist, ihr Kind regelmäßig nachts abzuhalten, können Ihnen mitunter folgende Punkte behilflich sein.

Verschiedene Möglichkeiten bieten sich hier an:

- Zeitgleiches Ausscheiden und nächtliche Mahlzeiten: Halten Sie Ihr Kind während des Trinkens ab. Scheidet es hierzu nicht aus, sondern erwacht zwischendurch, können Sie es absetzen oder aber mit einem saugendem Tuch oder einem guten Backupsystem ausstatten. Beim nächsten Erwachen können Sie Ihr Kind nochmal abhalten und/oder nasse Einlagen und Tücher tauschen.
- Nächtliche Trinkmenge je nach Alter und Gewicht reduzieren.
- Trainingshosen anziehen, um Pannen bei Bedarf aufzufangen, zu hohe Erwartungen und Enttäuschungen mit folgender Schlaflosigkeit zu vermeiden.
- Abendliche Mahlzeiten bei Beikost überprüfen. Wassertreibende Lebensmittel auf die Morgenstunden verlegen.

Gemeinsames Familienbett

Das Thema Schlaf betrifft jede Familie und alle Eltern müssen irgendwann die Entscheidung treffen, wie und wo die Kinder schlafen sollen. Die einen propagieren ein eigenes Zimmer mit eigenem Bettchen, um einen ungestörten Schlaf zu haben. Andere Eltern haben ein Kinderbett im Schlafzimmer oder sie nehmen ihre Kinder einfach mit ins eigene Bett. Über die passende Wahl muss sich jedes Paar selbst eine Meinung bilden – die Wissenschaft bietet hierzu jede Menge Diskussionsmaterial. Wir entschieden uns, unsere Kinder bei uns schlafen zu lassen. Sie sollten sich wohl fühlen, sich zugehörig fühlen und geborgen sein. Wirft man einen Blick in die Tierwelt: Muttertiere und deren Nachkommen schlafen oft eng umschlungen, sich gegenseitig wärmend zusammen. Kein Tier würde auf die Idee kommen, ihr gerade Geborenes alleine zu lassen. Speziell in der Nacht ist der Nachwuchs verschiedenen Gefahren ausgesetzt. Oftmals haben Tierbabys noch Probleme, die Körperwärme zu halten. Durch den engen Fell- oder Hautkontakt der Tiere können sie sich gegenseitig wärmen und beschützen. Und auch drohende Gefahren können die Tiere unmittelbar wittern.

Ein Baby benötigt auch nachts den Kontakt der Mutter, da es noch kein Gefühl entwickelt hat, wie lange und warum seine engste Bezugsperson nicht anwesend ist. Wie die Monate zuvor im Bauch braucht es auch außerhalb des Mutterleibes den Schutz, Hautkontakt und Lebensimpulse der Eltern.[41] Ein gemeinsames Schlafen zumindest in einem Raum ermöglicht es Ihnen und Ihrem Baby sich aufeinander einzustimmen, sich gegenseitig zu hören und bei Bedarf sofort aufeinander reagieren zu können. Erwacht das Kind nachts, können Sie unmittelbar auf die Bedürfnisse reagieren und Sie werden sehr schnell den Unterschied erkennen, ob es die Nähe zu Ihnen sucht, Hunger hat oder doch ausscheiden möchte. Es wurde mir auch berichtet, dass Neugeborene, die in anderen Räumen schliefen, dennoch abgehalten werden können. Intuitiv spürten die Eltern wohl, dass die Babys bald ausscheiden müssen und erwachten rechtzeitig, um die Bedürfnisse zu stillen. Sie sollten bei der Wahl des Schlafortes eine Möglichkeit finden, die sowohl die natürlichen Bedürfnisse des Babys berücksichtigt, aber auch Ihren Bedarf an ausreichend Ruhe deckt.

Unsere Kinder schliefen in einem Beistellbett an meiner Seite. So konnten wir uns jederzeit hören, auf einander eingehen, dennoch hatte ich die Möglichkeit den nötigen Schlaf für mich zu finden. Wurden sie wach, musste ich nicht aufstehen und den Raum wechseln, sondern hielt sie schnell über einem parat stehenden Töpfchen ab und nach wenigen Minuten konnten wir ungestört weiterschlafen. Unsere Kinder, mit oder ohne Windel, genossen die Vertrautheit und Geborgenheit, die ihnen das gemeinsame Schlafen vermittelte. Als sie alt genug waren – und das variierte von Kind zu Kind – lösten sie sich ganz automatisch von uns und schliefen in ihren eigenen Betten.

---

[41] Wenger, N.

Am Morgen
Kinder sind unterschiedlich – manche bevorzugen es, sofort nach dem Aufwachen aufzustehen, andere spielen noch eine Zeit im Bett. Die meisten Babys scheiden aber bald nach dem Aufwachen aus. Je älter ein Kind wird, desto länger kann es den Urin in der Blase halten. Dennoch sollten Sie es nach dem Aufwachen baldigst abhalten, um ein ungemütliches Erwachen mit nassem Bett zu vermeiden. Ein langsames Aufwachen der Eltern ist dennoch möglich. Ein griffbereites Töpfchen im Zimmer kann Abhilfe schaffen.

> Unsere große gewickelte Tochter wachte ab etwa 1 ½ Jahren mit einer relativ trockenen Windel auf. Nach etwa zehn Minuten war dann die Windel sehr schwer gefüllt mit Morgenurin. Schaffte ich es, sie vor dem Ausscheiden auf einen Topf zu setzen, schied sie den Urin aus, was ein langsames herkömmliches Sauberkeitstraining einleitete.

Das Kind kann nach Bedarf ausscheiden und ein langsamer Start in den Tag beginnt. Auch Babys kuscheln gern noch eine Weile mit den Eltern und ein trockener Intimbereich gefällt den Kindern besser als eine volle, nasse Nachtwindel. Besonders schön kann das bei Neugeborenen und kleinen Kinder erlebt werden, die am besten nackt auf dem Bauch der Eltern liegen und die absolute Nähe und Geborgenheit erleben. Andere Eltern tragen ihre Kinder lieber auf die Toilette – je nach Belieben können Sie hier vorgehen. Verwenden Sie eine Nachtwindel, bietet es sich an, das Kind trotzdem nach dem Aufwachen abzuhalten, denn so ist Ihre Botschaft an Ihr Kind deutlich. Ausscheidungen gehören nicht in die Windel, sondern in die Toilette oder ins Töpfchen! Je klarer Sie sind, desto besser orientiert sich das Baby. Scheiden Kinder in der Früh nicht aus, sollten Sie den ersten Morgenurin beobachten. Ist dieser sehr konzentriert, kann das Kind zu wenig Flüssigkeit haben. Gerade am Morgen kann bei den Kindern eine Sensibilität für die Ausscheidungsbedürfnisse geweckt werden, da die Blase gut gefüllt ist.

Wenn einer „Nein" sagt

Wenn die Windelfreiheit nicht funktioniert?

Gelegentlich traf ich Eltern, die mir erzählten, dass sie ihre Kinder anfangs ohne Windeln aufwachsen ließen, aber im Laufe der Entwicklung wieder zu Windeln griffen. Sie meinten, dass es nicht funktioniert hätte. Die Gründe, die mir dabei genannt wurden, waren sehr unterschiedlich. Ein Zusammenhang fiel mir dabei jedoch auf: Viele Eltern wollten schon nach kurzer Zeit Erfolge ihrer Kinder sehen. Die Babys benötigen manchmal eine längere Lernphase und es dauert in der Regel ein paar Monate, bis die Signale und gegenseitigen Ausdrucksweisen klar sind. Auf die Frage, wie lange sie denn Windelfrei probiert hätten, meinten die Mütter meist zwei, drei Monate und bis dahin stellte sich kein Erfolg ein. Wichtig für mich war hier klarzustellen, dass es in erster Linie um die intensive Beziehung zwischen den betreuenden Personen und dem Kind geht – mit dem Ergebnis, dass die Ausscheidungssignale rechtzeitig erkannt werden. Ein umgekehrtes Vorgehen kann schnell scheitern, wenn die Konzentration ausschließlich auf die Erfolge der Ausscheidung gerichtet wird.

Ratlosen Eltern habe ich in solchen Momenten geraten, erst mal herkömmlich mit Stoff- oder Einmalwindel zu wickeln. Sie konnten je nach Wunsch dennoch abhalten, hatten aber bei Misserfolgen keine nasse Kleidung. In anderen Fällen lohnt es sich, ein paar Wochen Pause zu machen, um zu einem späteren Zeitpunkt einen neuen Versuch zu starten. Geduld und eine liebevolle Zuwendung ohne das Gefühl von Scheitern und Fehlschlägen entspannt die Eltern-Kind-Beziehung und schafft erwartungsfreie Situationen. Ein liebevolles, ruhiges und entspanntes Begegnen bringt oft ein intensiveres und pannenfreieres Pflegen. Andere Eltern sagen mir, dass Sie das Kind ständig beobachten und das Kind gibt keine Signale und plötzlich scheidet es aus. Kinder brauchen, wie in allen anderen Lebensbereichen, eine Art Anleitung oder eine Richtschnur. Babys haben die Fähigkeit die Ausscheidung anzuzeigen, sie benötigen jedoch manchmal noch eine Vorgabe. Halten Sie Ihr Kind nach einem Zeitschema ab, geben immer wieder den Signalton dabei und nach einigen Wochen werden Sie erkennen, dass auch das Kind mehr und mehr signalisiert und auch die Zusammenhänge besser deuten kann, denn die Grundkompetenzen der Ausscheidung sind vorhanden.

Wenn der Partner „Windelfrei" nicht will?

Es kommt immer wieder vor, dass ein Elternteil sehr begeistert ist von der natürlichen Babypflege, während der Partner aus Sorge vor Pannen, aus Unsicherheit oder anderen Gründen die Methodik ablehnt. In diesen Fällen versuchte ich herauszufinden, wo die Sorgen und Ängste verborgen lagen und in den meisten Fällen, waren die Ursachen für die Ablehnung Unsicherheit im Umgang mit dieser neuen Methode. Die natürliche Babypflege kann ausprobiert werden und wenn wider Erwarten keine Erfolge sichtbar sind oder die Methodik sehr schwer in der Umsetzung zu sein scheint, sollte lieber gewickelt werden. Ein Versuch ist es aber immer wert. Kann sich ein Partner nicht auf die Windelfreiheit einlassen, sollten Eltern versuchen, einen Kompromiss zu finden und das Baby wickeln, dennoch regelmäßig abzuhalten. So werden eventuelle Pannen aufgefangen, und das Baby ist sich seiner Ausscheidung durch ein regelmäßiges Abhalten dennoch bewusst.

Wenn das Baby nicht will und „nein" sagt

Windelfreie Babys, die noch nie eine Windel getragen haben und die Ausscheidung über Topf oder Toilette als Selbstverständlichkeit kennengelernt haben, entwickeln im Laufe des ersten Lebensjahres oft eine Phase, in der sie die vorgegebenen Normen nicht mehr akzeptieren. Sie beginnen selbstständiger zu werden und zeigen durch ihr Verhalten deutlich, dass sie möglichst viele Handlungen eigenständig ausführen möchten. Eine ähnlich sensible Phase erleben Wickelkinder, bei denen das Sauberkeitstraining nach zweieinhalb bis drei Jahren begonnen wird. Sie weigern sich häufig, die liebgewonnene Windel auch nur stundenweise zu entfernen. Wenn die sensible Phase abklingt, erreichen die Eltern meist bessere Erfolge, als in Zeiten des intensiven Ich-Erlebens. Um diese Streitpunkte zu umgehen und auch um dem Kind mit Würde zu begegnen, entscheiden sich viele Eltern gewickelter Kinder, das Kind so lange zu wickeln, bis es die Windel selbst nicht mehr will. Diese Methode nach Brazelton dauert oft einige Monate, manchmal auch Jahre länger und erfordert viel Geduld und Nachsicht. Es stellt jedoch eine alternative Methode dar, in der man dem Kind ebenso liebevoll entgegentritt.

> **Den eigenen Kopf durchsetzen**
> Während meine Tochter bis 8 Monate nachts sehr gut abzuhalten war und die Tage auch zunehmend pannenfrei verliefen, erlebten wir mit 9 Monaten einen starken Einbruch. Pannen häuften sich, Enttäuschungen traten auf, dass wir sogar ans Aufhören dachten. Ich versuchte zu überlegen, was denn nun los sei und warum auf einmal alles Gekonnte wie vergessen schien. Bis zu diesem Zeitpunkt hielt ich sie über die Toilette ab oder setzte sie auf ein Töpfchen, wobei ich aber immer an ihrer Seite war, sie hielt und stabilisierte und den Signalton von mir gab. Plötzlich war ein klassisches Abhalten über einer Toilette nicht mehr möglich. Auch wollte sie nicht, dass ich in der Nähe des Topfes war. Sie nahm ihren Topf und krabbelte weg. Dort stellte sie ihn auf und setzte sich alleine hin zum Ausscheiden. Leider schaffte sie es nicht, die Hose allein auszuziehen. So wurde sie sehr zornig, bis letztendlich die Hose voll war. Diese Phase dauerte etwa einen Monat, bis wir gemeinsam einen neuen Rhythmus fanden, der ihr die nötige Selbstständigkeit bot – ihr Topf stand in einer abgeschiedenen Ecke des Raumes, wo sie die nötige Ruhe fand. Ein Abhalten über dem Waschbecken oder der Toilette vermieden wir einige Monate, bis sie schließlich mit einem Toilettenaufsatz sicher auf der Toilette sitzen konnte. Mit einem Jahr ließ sie sich wieder problemlos abhalten, war aber auf dem Topf viel selbstständiger geworden und sie schaffte es immer häufiger, die Hose alleine auszuziehen, was ihr Gefühl von Eigenständigkeit deutlich stärkte und ihr Zufriedenheit bescherte.

Trotzphasen – Das eigene „Ich" entdecken

Durch Beobachten von meinem und anderen windelfreien Babys konnte ich feststellen, dass die Kinder mit ein paar Monaten genau wussten, wo die Ausscheidungen hin gehören. Wenn sie bewusst an eine andere Stelle, auf den Teppich, den Hauseingang oder auf die Gartenbank Urin oder Stuhl ausscheiden, zeigen sie zum ersten Mal ihr eigenes Ich ganz deutlich. Sie probieren aus, wie es sich anfühlt, wenn sie ihre Handlungen selbst entscheiden und ausführen. Die Reaktionen der Eltern auf jene Verhaltensweisen gibt den Babys eine wunderbare Rückmeldung über die Wirkungen ihrer Handlungen. Bei der darauf folgenden Gelegenheit kann das Kind erneut entscheiden, ob es dem eigenen Willen oder den vorgegebenen Normen der Eltern folgt. Nachdem solche Pannen passierten (in der Trotzphase hatten wir so manche nasse Hose oder auch mal einen feuchten Boden), setzten wir unsere Tochter trotzdem auf den Topf und erklärten ihr liebevoll, dass sie die Ausscheidungen nächstes Mal hier absetzen solle. Andere Mütter berichteten mir, dass die Kinder sich von der Mutter entfernten (z.B. unter den Tisch krabbelten) und dort gezielt ihre Ausscheidungen verrichteten. In solchen Momenten sollte man versuchen, gelassen und ruhig zu bleiben und dem Kind zeigen, wo die Ausscheidungen hingehören. Die Trotzphasen legen sich von ganz alleine und ein Abhalten wird wieder möglich.

"Ich bestimme wo" –
im Laufalter wurden die Raffinessen noch deutlich ausgeprägter.
So probierte Mara auch einmal auf dem Basteltisch ihr Glück.

Das Baby will jetzt nicht abgehalten werden
Ein Baby, das nicht abgehalten werden will, macht dies ganz deutlich klar. Es versucht vom Topf zu kommen, streckt den Körper, macht sich steif oder gibt verbale Laute. Nehmen Sie das Kind vom Topf und vermeiden Sie jeden Druck oder Zwang auf das Baby. Wenn Sie unsicher sind, ob das Baby nun doch ausscheidet, können Sie ein kleines Tuch in den Genitalbereich legen. So sind eventuelle Pannen abgesichert und ein entspanntes Stillen, Spielen oder Bewegen kann beginnen. In den allermeisten Fällen, in denen ich unsere Tochter abhielt, sie sich aber weigerte auszuscheiden, musste sie tatsächlich in der nächsten Zeit nicht urinieren. Abgesehen von Trotzphasen meldete sie sich dann auch beim nächsten Mal von selbst und ich konnte darauf vertrauen, dass ihr „Nein" richtig war. Es gibt aber auch Kinder, die sich weigern, abgehalten zu werden und im nächsten unbemerkten Moment – fern von Topf oder Toilette – scheiden sie aus. Ein behutsames Hinweisen auf die gewünschte Ausscheidungsart überbrückt diese Phasen.

Anhaltendes oder wiederkehrendes Bettnässen bei der natürlichen Babypflege
Immer wieder erzählten mir Mütter von den „Erfolgen und Problemen mit der Windelfreiheit".
Oft waren Mütter dabei, die sowohl Kinder mit als auch ohne Windeln pflegten. Sie berichteten mir, dass die Rückfallquote, aber auch die Dauer des Lernens bei der Windelfreiheit deutlich geringer war, als bei Wickelkindern. Als sich die Kinder an die Ausscheidung auf der Toilette oder Topf gewöhnt hatten, waren, abgesehen von kleinen Pannen bei Entwicklungsschüben, wenige Kinder dabei, bei denen es nachts längere Phasen des Bettnässens gab, nachdem sie die Ausscheidung überwiegend selbstständig auf dem Töpfchen oder Toilette umsetzten. Auch die Pannenrate unter Tags nach Beherrschen der Ausscheidungssystematik war gering. Bei der klassischen Vorgehensweise nach Brazelton dagegen sind immer wieder Kinder dabei, die sich nur sehr schwer von der Windel lösen können. Viele Kinder scheiden den Stuhl anfangs lieber in die Windel aus, anstatt über dem fremden Töpfchen oder auf der Toilette. Sind sie ohne Windel, halten manche Kinder den Stuhl zurück, mit der Folge einer Verstopfung, denn es fällt ihnen schwer Stuhl auf der Toilette loszulassen. Kinderärzte und Vereinigungen, die sich speziell mit Bettnässen und langem Windeltragen beschäftigen, bestätigen diese Beobachtung.
Ein Baby, das von Anfang an weiß, dass die Ausscheidungen in die Toilette und nicht in die Hose gehören, findet es leichter, diesen Weg selbstständig zu lernen. Dagegen fällt es so manchem Kind schwer, sich von der liebgewonnenen Gewohnheit, eine Windel zu tragen, und immer und überall ausscheiden zu können, zu trennen.

Es geht nicht darum, besser oder schneller zu sein als klassische Wickelkinder. Für mich war es nur wichtig, ein Bewusstsein für die Natürlichkeit des Menschen wieder zu entdecken. Anscheinend fällt es einem Baby sehr schwer, zwei und mehr Jahre in die Windel ausscheiden zu dürfen und dann plötzlich muss es sich umstellen. Die Folgen der Umgewöhnung sind manchmal sehr ausgeprägt und langwierig. Die meisten Kinder schaffen die Loslösung von der Windel mit ständiger Trockenheit während des Tages, aber auch während der Nacht innerhalb von ein paar Monaten. Anderen fällt es aber schwerer. In

Deutschland leben etwa 600.000 Kinder älter als fünf Jahre, die vom Bettnässen betroffen sind. Sie bemerken die volle Blase meist zu spät, um zeitnah reagieren zu können. Das tritt sowohl nachts, also auch während des Tages auf[42]. Die Ursachen hierfür sind sehr vielschichtig, dennoch sticht ins Auge, dass windelfreie Babys davon kaum betroffen sind, denn sie kennen es nicht, in Windelhosen auszuscheiden, sondern benutzen den dafür vorgesehenen Raum – die Toilette.

Doch eine Windel?
Windeln – seien sie aus Stoff oder Plastik – sind eine tolle Erfindung, die mir in einigen Situationen sehr hilfreich waren. Und ich war froh, dass ich zu der Verwendung von Windeln auch noch eine natürliche Alternative hatte. Für mich als Mutter war es sehr schön, ergänzend mit der Windel arbeiten zu können – mit ihr konkurrieren oder verbannen wollte ich diese gute Erfindung auf keinen Fall. Dennoch wusste ich, dass das für mich nicht der natürlichen Art der Babypflege entsprach, die Ausscheidungsbedürfnisse des Babys zu missachten und sie im Gegenzug Tag und Nacht in Windeln zu packen.
Es gibt Situationen – gerade in unserer schnellen und hektischen Zeit – in denen Windeln Erleichterung bringen. Die empfundene Erleichterung äußert sich aber nur temporär, da ein regelmäßiges Wickeln zu einer unnötigen Abhängigkeit mit folgender, oft schwieriger Abgewöhnung im Sauberkeitstraining führt. Dieses bewusste und sehr sorgfältig ausgewählte Einsetzen der Windeln und Einlagen stimmt mit den Denksätzen der liebevollen und zugewandten Interaktion überein. Wird eine Windel bewusst gewählt, darf dies selbstverständlich sein und sollte nicht mit Sorge über diesen Schritt betrachtet werden.

Wie funktioniert eine Windel?
Unsere Kinder öffneten eine kleine Kiste, in der sich Windeln von der Wickelzeit meiner Tochter befanden. Sie öffneten sie und nahmen die Windeln zum Spielen. Als ich etwas später im Kinderzimmer war, sah ich, dass meine zweijährige Tochter die Windel anhatte. Sie trug sie jedoch nicht auf der Haut, sondern über die normale Hose. Meine Tochter wusste zwar, wie sie die Windel anziehen musste, den eigentlichen Verwendungszweck kannte sie mit ihren zwei Jahren nicht.

---

[42] Initiative trockene Nacht

Von der Unselbstständigkeit zur Eigenverantwortung

Anfangs benötigt das Baby noch die volle Unterstützung beim Ausscheiden, aber dennoch nimmt das Baby den Ausscheidungsdrang wahr und öffnet bewusst die Schließmuskeln. Das Baby spürt den Harndrang und einen kurzen Augenblick später öffnet das Baby bereits den Schließmuskel. Es ist ein aktives Öffnen. Noch hat das Kind nicht gelernt, den Harndrang auszuhalten und erst kurze Zeit später auszuscheiden. Es scheidet in den ersten Lebenswochen unmittelbar nach dem Bemerken des Dranges aus. Nach einigen Wochen kann das Baby den Harndrang kurz aushalten, bis es auf Topf oder Toilette abgehalten wird. Je selbstständiger das Kind in der Ausscheidung ist, desto weniger Übernahme der Tätigkeiten benötigt es. Es bedarf nur noch Unterstützung. Als ich bei einem meiner Vorträge ein kleines Baby in den Arm gelegt bekommen habe und es bei mir trug, merkte ich, dass mein Bewusstsein für die Ausscheidungsbedürfnisse wieder hellwach war. Ich war erstaunt, wie situationsabhängig ich auf die unterschiedlichen Momente reagierte. Es zeigte mir, dass ich meiner Tochter automatisch die Eigenverantwortung für ihre Ausscheidungsbedürfnisse übertrug, sobald ich erkannte, dass sie die körperliche Reife erlangt hatte.

Als sich meine Tochter mit etwa 15 Monaten immer verbal äußerte, wenn sie ausscheiden musste, stellte ich fest, dass ich weniger auf meine Gefühl achtete, aber auch Zeitintervalle und Signale vernachlässigte. Offenbar ließ ich ganz intuitiv los, denn sie konnte die eigenen Bedürfnisse schon so klar und deutlich äußern, dass eine vollständige Hilfe durch mich nicht mehr nötig war.

Mit unserem Sohn begannen wir die Windelfreiheit routinierter, da wir genug Erfahrungen mit unseren beiden Töchtern sammeln konnten. Mit drei Wochen konnten wir bereits immer öfter Erfolge beim Abhalten erkennen. Wir lernten seine Mimik besser zu deuten und hielten ihn bei vermeintlichen Anzeichen ab. In vielen Fällen war unsere Wahrnehmung richtig und einige Augenblicke später schied er aus. Stuhl schied unser Sohn bereits in den ersten Wochen nur sehr selten in Windeln oder Einlagen. Sehr bald erkannte er die Abhalteposition mit dem Wissen, dass er nun auch den Schließmuskeln zum Entleeren des Darmes öffnen konnte. Hielt ich ihn mit dem Signalton ab, erkannte ich an seinem Gesichtsausdruck, dass er begann zu drücken und loszulassen mit der Folge, dass er ausreichend Muttermilchstuhl in das Töpfchen absetzte.

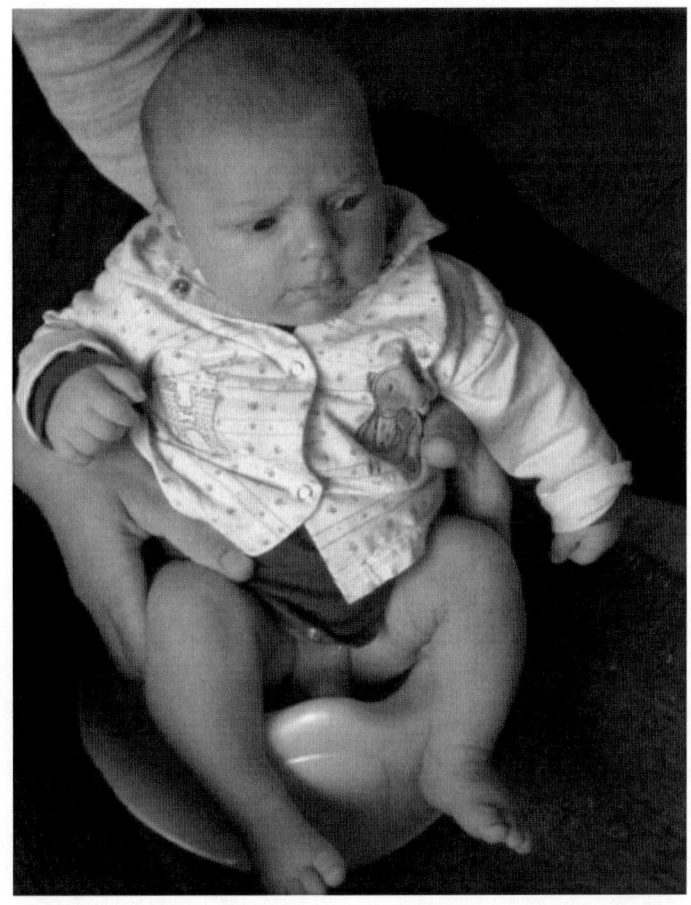

Samuel, 6 Wochen alt, konzentriert sich gerade sehr auf die bevorstehende Stuhlausscheidung. Anhand der Körperhaltung über dem Topf und dem Signalton stellte er sich schnell aufs Loslassen ein und schied gezielt aus. Meist schied er nach dem Stillen aus und hielt sich ganz ruhig.
Seine Aufmerksamkeit war der anstehenden Ausscheidung gewidmet.
So erkannte ich, dass ich ihn bald abhalten sollte und entkleidete ihn.
In den meisten Fällen war meine Wahrnehmung richtig und unser Sohn schied aus.

HALTETECHNIKEN

Die wichtigsten Kriterien beim Abhalten:
- Bequeme und lockere Körperhaltung sowohl für Mutter/Vater und Kind
- Interaktion zwischen Eltern und Kind stimmt
- Ruhige Atmosphäre
- Klare Botschaften an das Kind (Signaltöne, Mimik und Gestik)
- Nur in liebevoller und sorgsamer Pflege, ohne Druck und Zwang ausführen.
-

Körperhaltung von Mutter/Vater und Kind

Eine ergonomische Körperhaltung der abhaltenden Person schafft dem Kind die Möglichkeit sich gut zu entspannen. Zu Beginn ist es wichtig, dass Sie bequem stehen, sitzen, knien oder in der Hocke sind. Infolgedessen können Sie das Kind, gerade wenn es älter und schwerer wird, angenehm abhalten. Babys benötigen kurze Augenblicke, sich auf die Ausscheidung einzustellen, sodass eine bequeme Haltung nur von Vorteil ist. Hier finden Sie einige Möglichkeiten, wie Sie Ihr Kind abhalten können. Die einzelnen Varianten können und werden auch abhängig vom Alter des Kindes wechseln.

Ausscheiden während des Trinkens

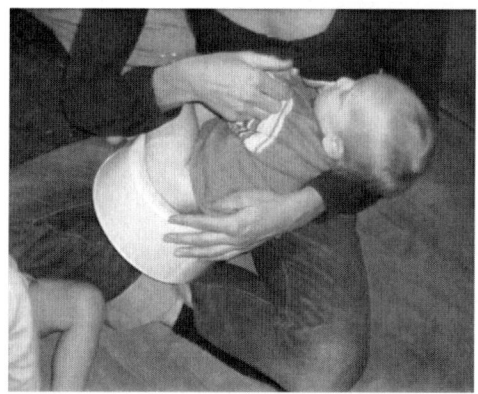 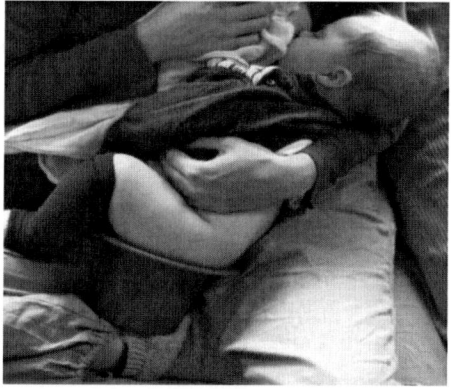

Die Babys können zeitgleich zum Stillen ausscheiden.
Je älter sie werden, desto häufiger verschiebt sich das Ausscheiden zum Ende des Stillens oder erst einige Minuten danach.

Viele Säuglinge scheiden anfänglich während des Stillens oder Flasche geben aus. Daher können Sie Ihr Kind bequem auf einen Topf oder über eine Schüssel halten und dabei Ihr Kind trinken lassen. Das Baby wird an die Brust gelegt bzw. bekommt eine Flasche und liegt mit dem Kopf in der Armbeuge der Mutter. Unter das Gesäß wird ein Töpfchen oder eine Schüssel geschoben. Zum Stabilisieren Ihres Armes bietet sich ein bequemes Kissen an. Wenn Sie Ihr Baby ein paar Mal in dieser Position abgehalten haben, gewinnen Sie schnell an Routine und merken, welche Körperhaltungen am angenehmsten sind. Schon Neugeborene und kleine Babys öffnen bewusst die Schließmuskeln, um dabei auszuscheiden. Sie lösen sich von der Mutterbrust oder der Flasche und scheiden aus. Es handelt sich nicht nur um einen unwillkürlichen Reflex, wie oftmals angenommen wird, sondern um eine sehr klare Handlung. Anschließend trinken die Babys meist weiter. Auch können Sie das Kind erst bei Bedarf auf einen Topf setzen. Nachdem kleine Babys die Signale erst unmittelbar vor der Ausscheidung signalisieren, sollte aber ein Gefäß greifbar sein, um das intime Verhältnis beim Stillen oder Flasche geben möglichst ungestört fortführen zu können. Diese Methode eignet sich vor allem in den ersten Lebensmonaten, in denen das Baby noch während des Trinkens ausscheidet. Ab einem halben Jahr scheiden viele Babys bereits am Ende oder nach dem Trinken aus. Manche Babys fühlen sich aber beim Trinken gestört. Versuchen Sie das Kind vor der Mahlzeit abzuhalten, so kann es ohne Harndrang innig trinken.

Ausscheiden auf einem Töpfchen

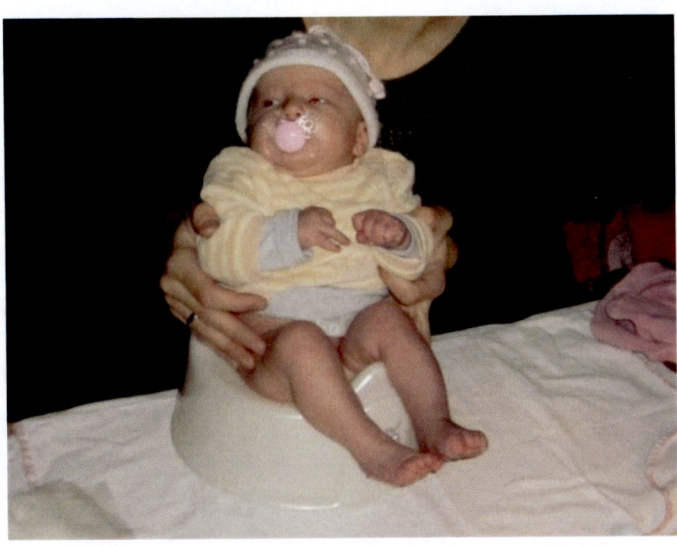

Das Kind sitzt mit dem Rücken an Mutters Bauch –
Beine des Kindes werden leicht gespreizt

Gerade Babys, die noch nicht alleine sitzen können und geringe Körperstabilität besitzen, profitieren von dieser Haltung. Sie sitzen oder stehen hinter dem Kind und halten es über eine Schüssel, Topf oder Toilette ab. Es wird an den Beinchen gehalten und der Rücken des Babys liegt an Ihrem Bauch und Brust. Sie können mit Ihren Körperbewegungen (Bauchatmung) dem Baby ein Zeichen geben, dass es nun loslassen und ausscheiden kann. Das kann sowohl beim Abhalten über der Toilette sein, aber selbstverständlich auch über einem Töpfchen. Wichtig bei einem Neugeborenen und einem kleinen Baby ist es, die fehlende Körperstabilität aufzufangen und Halt zu geben, indem das Kind möglichst guten Körperkontakt zu Ihnen hat. So sitzt das Baby nicht nur sicher und stabil, sondern spürt Ihre Kommandos ganz klar und kann dementsprechend reagieren. Geben Sie durch Ihren Atem einen kleinen „Schub" zum Öffnen der Schließmuskeln. Sie atmen ein und aus und geben neben Muskelbewegungen des Bauches auch Entspannungsgeräusche, welche dem Kind helfen, auch bei unruhigen Umgebungsfaktoren loszulassen. Babys sollten in den ersten Wochen bevorzugt in liegender oder leicht aufrechter Haltung abgehalten werden. Dadurch erfahren sie mehr Stabilität und ein Zusammensinken des Oberkörpers wird vermieden. Das erreichen Sie, indem Sie das Töpfchen etwas kippen, sodass der Oberkörper des Säuglings eher nach hinten geneigt ist.

Samuel, 3 Monate

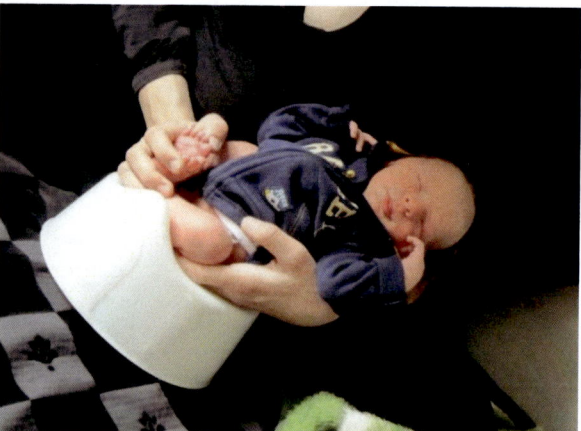
Jakob, 10 Tage

Hier werden die Beinchen weniger gebeugt, da sich manche Babys leichter entspannen können, wenn die Hüftknickung gerade in den ersten Lebenswochen nicht zu stark ist.
Eine stützende Hand unter dem Gesäß stabilisiert die Babys zusätzlich.

Adéla wird in leicht liegender Position gehalten, während sie die Mutter auf die Ausscheidung einstimmt.

Mara sitzt mit einem Jahr stabil auf dem Topf und ist in ihrer Ausscheidung schon so sicher, dass sie dabei das Spielen fortführt.

Der Topf sollte aber nicht generell zum Spielort werden und die Kleinen sollten auch dort nicht länger als nötig sitzen. Manche Kinder bevorzugen den Topf gegenüber einer Toilette, da sie sich selbstständig hinsetzen und alleine ausscheiden können. Bei der Toilette benötigen die Babys noch mehr Unterstützung und Aufsicht als auf dem Topf.

> Nachdem unsere Tochter selbstständig sitzen konnte, setzte sie sich alleine auf den Topf und nahm gelegentlich auch Spielsachen mit. Sie wollte sich für das Ausscheiden nicht von den Spielsachen trennen, auch wenn es nur wenige Minuten dauerte. Während sie ausschied, sah sie ein Buch an oder spielte mit allerlei Dingen. Als sie fertig mit der Ausscheidung war, verließ sie mit den Spielsachen den Platz.

Abhalten über dem Waschbecken

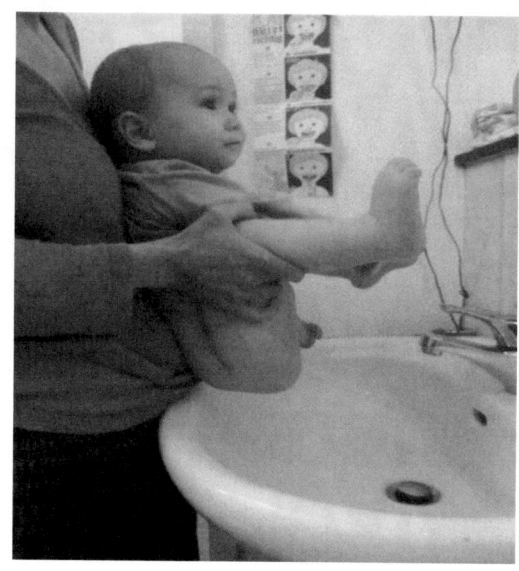 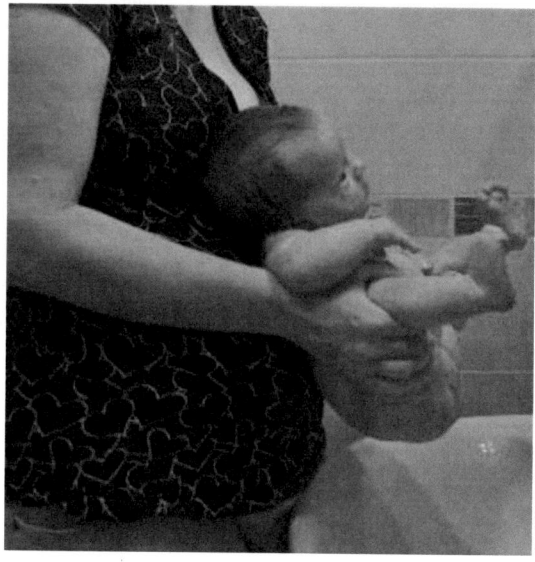

Beide Babys werden über dem Waschbecken abgehalten.
Die Beine werden dabei **sanft gehalten**, während der Oberkörper am Bauch der Mutter liegt.
Die Beinchen der Babys werden stabil gehalten, allerdings so, dass die Blutversorgung in den Beinchen weiter gewährleistet ist, was besonders bei Neugeborenen schnell unterbrochen wird, wenn der Griff zu fest ist.
Eine unterstützende Hand unter das Gesäß kann hier ebenso hilfreich sein.

Diese Abhaltetechnik können Sie bereits im Neugeborenalter anwenden. Stabilität erhält das Kind durch das Anlehnen an Ihren Oberkörper. Den Urinstrahl können Sie gezielter steuern, indem Sie das Baby aufrechter oder liegender Haltung positionieren, was sich gerade bei Jungs anbietet. Der Penis des Jungen schwillt kurz vor dem Wasserlassen leicht an und richtet sich etwas auf, sodass auch hier schon vorab erkannt werden kann, dass der Junge nun ausscheiden will. Beim Stuhlausscheiden festigt sich ebenso der Hoden und richtet sich durch die Muskelspannung nach vorne.

Diese Variante des Abhaltens können Sie solange anwenden, wie die Kinder kooperativ auf diese Art reagieren. Sobald die Babys sicherer in der Mobilität und in ihrer Körperhaltung sind, desto eher wenden sie sich von der passiven Körperhaltung ab.

Kind wird über der Toilette abgehalten

Das Baby sitzt entgegengesetzt auf der Toilette oder wird darüber abgehalten. Sie stehen hinter dem Kind und bieten den nötigen Halt. Dabei können Sie stehen oder in die Hocke gehen.
Fühlt sich Ihr Kind in dieser Position unsicher, kann es hilfreich sein, wenn Sie mit auf der Toilette sitzen und das Kind vor sich abhalten. Ist das Kind schon etwas älter, kann es auch auf der Klobrille sitzen.

In sicherer Haltung wird Adéla über der Toilette abgehalten, wobei ihre Mutter sehr gut beobachten kann, ob und wann sie sich auf die Entleerung einstimmen kann.

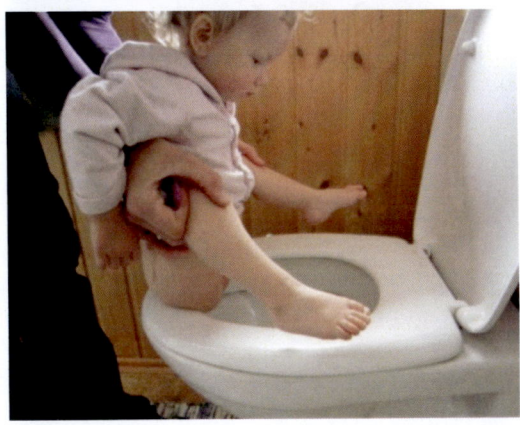 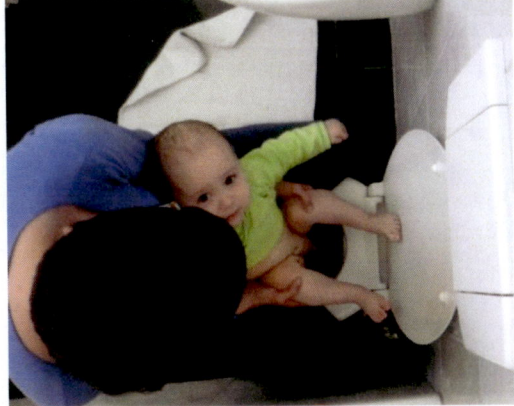

Mara (1 Jahr) und Yoshitaka (6 Monate) werden über der Toilette abgehalten. Je jünger die Kinder bei dieser Haltung sind, desto mehr Stabilität benötigen sie. Ein Anlehnen an die Brust der abhaltenden Person ist oft hilfreich.

Kind sitzt auf den Füßen der Mutter / des Vaters

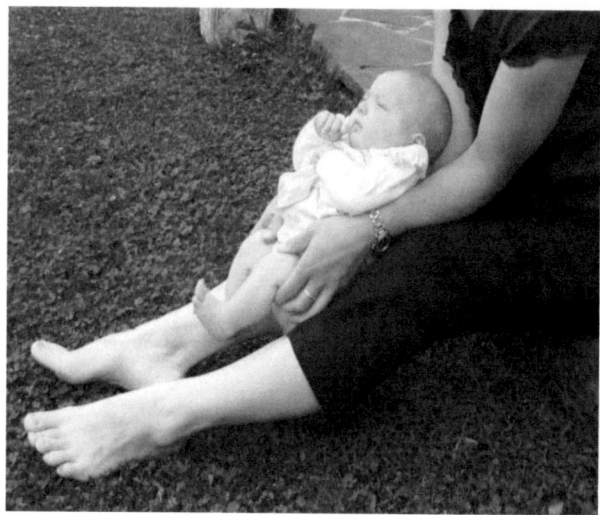
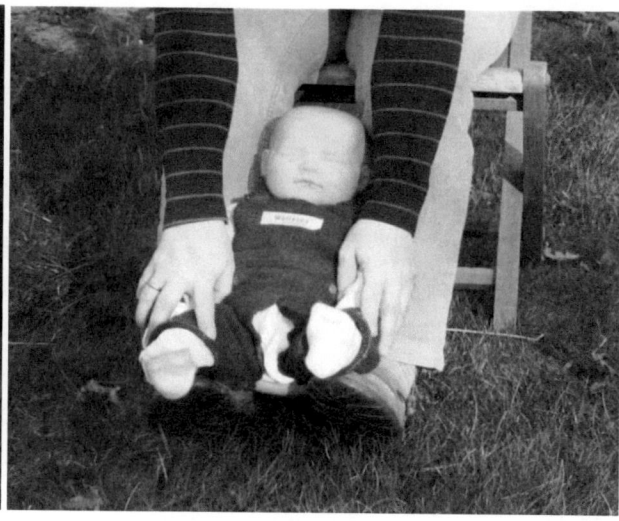

Sarah, 3 Monate auf den Füßen ihrer Mutter　　　Abhaltetechnik dargestellt an einer Puppe mit einer geschlitzten Hose

Diese Abhaltetechnik ist besonders in einigen Ländern Afrikas wie zum Beispiel Kamerun beliebt, wobei das Baby auf die Schienbeine der Mutter gesetzt wird. Das Kind wird in dieser Position gewaschen und gepflegt. Es bekommt zu essen, wird massiert und kann die Ausscheidungen loslassen. Dabei berührt das Kind nicht den Boden und kommt so weder mit Wasser noch mit Ausscheidungen in Kontakt. Spürt die Mutter, dass das Kind nun ausscheiden möchte, setzt sie das Kind zwischen die Knöchel und gibt den Signallaut vor. Es hilft dem Kind auszuscheiden. In diesen Kulturen findet man meist keine weiteren Hilfsmittel zur Kleinkinderpflege (Fontanel, Harcourt, S. 27). Diese Variante kann im Freien angewendet werden, aber auch in Wohnräumen, wobei unter das Kind eine Schüssel gestellt wird. Die Haltung bietet neben dem Absetzen des Kindes auch die Möglichkeit zur intensiven Berührung und längerem Verweilen auf den Beinen.

Abhalten in der Natur

Mara wird mit 14 Monaten während einer Fahrradtour abgehalten. Bei der Fahrt gab sie mir einen Hinweis auf das Ausscheiden, so unterbrachen wir die Fahrt und schnell hielt ich sie ab, bevor die Fahrt trocken weitergehen konnte. Zu dem Zeitpunkt gab es kaum mehr Pannen, denn sie beherrschte die Ausscheidung mit Entfernung der Kleidung schon sehr gut.

Das kleine Baby lässt sich im Park gut abhalten. Die Ruhe in der Natur hilft oft, dass sich die Babys rasch auf die Ausscheidung einstimmen können.

Im Stehen ausscheiden

Kinder, die schon laufen können, entdecken mit dieser neuen Fortbewegungsart noch so manche tolle Eigenschaften. Manche Babys lieben es sich hinzustellen und im Stehen Wasser zu lassen. Leider muss das Kind unten ganz ausgezogen werden, da die Treffsicherheit noch nicht ausgereift ist. Stellen Sie das Kind in die Dusche oder Badewanne und es kann losgehen. Besonders beliebt ist diese Methode auch im Freien.

Sommerliche Glücksgefühle – Miriam 1,5 Jahre

Ihrer Kreativität beim Absetzen der Kinder sind keine Grenzen gesetzt. Es lassen sich noch viele weitere Arten finden. Die Techniken und Vorlieben von Ihnen und Ihrem Kind ändern sich auch im Laufe der Entwicklung, sodass Sie die Methoden auch wechseln können. Je älter das Kind wird, desto selbstbestimmter will es die Ausscheidung vornehmen. Dabei eignen sich natürlich Positionen, die das Kind alleine ausführen kann, denn sie genießen es oft, nicht mehr ständig auf Sie angewiesen zu sein, sondern ihre Eigenständigkeit auszuleben.

PANNEN

Pannen in der Lernphase

Es wird Augenblicke geben, in denen Ihr Kind ausscheidet, bevor Sie die Zeichen überhaupt wahrnehmen. Manchmal wird es sein, dass sie zwar die Signale erkennen, das Kind jedoch die Schließmuskeln bereits geöffnet hat, ehe Sie reagieren können. Nasse Kleidung, feuchte Böden und natürliche eine nasse, verschmutzte Haut des Kindes sind die Folge. Diese Augenblicke wird es nicht nur einmal geben. Jene Momente sind in der Lernphase häufiger, reduzieren sich jedoch bereits in den ersten Wochen sehr. Die Kinder haben die Kompetenz, müssen nur noch lernen rechtzeitig zu signalisieren und die Schließmuskeln zu steuern. Häufige Pannen werden immer seltener. Anfangs passieren Pannen mehrmals täglich, dann nur noch einmal am Tag oder mehrmals wöchentlich, bis das Kind längere Intervalle von einigen Wochen ohne Pannen hat. Auch sind Sie nach den ersten Wochen mit Ihrem windelfreien Kind ein immer besser eingespieltes Team, das auch nonverbal sehr gut kommunizieren kann.

Entwicklungsschritte

Es ist einfach passiert

Bei windelfreien Babys durchlebt man Phasen, in denen das Abhalten sowohl ausgehend vom Kind, als auch von der Mutter bzw. vom Vater wunderbar funktioniert. Es kommen aber auch Zeiten, da sind Pannen häufiger. War ich nicht in meiner Ruhe oder gestresst, gab es eher eine Panne als in entspannter Atmosphäre. Merkte ich, dass ich mich in einem angespannten Moment nicht auf mein Kind einlassen konnte, half es uns beiden, wenn ich mir dieser Augenblicke bewusst wurde und eine Windel oder Einlagen verwendete. Solche Situationen gab es zum Beispiel nach sehr unruhigen Nächten oder Entwicklungsschüben.

Kommt es zu Unfällen, hat es einen entscheidenden Einfluss, wie Sie sich bei Missgeschicken dem Kind gegenüber verhalten. Sicher sind Sie nicht erfreut, Ihr Kind mit nassen Klamotten umzuziehen, zu waschen oder gegebenenfalls von Urin- und Kotresten zu säubern. Der Ärger und die Enttäuschung über ein Missgeschick dürfen sein, dennoch sollten Sie Groll vermeiden. Die jeweilige Reaktion wirkt sich auf das gegenseitige Vertrauen und die Kommunikation aus (Lindmayer, S. 183). Die windelfreie Methode arbeitet im Gegensatz zum herkömmlichen Sauberkeitstraining ohne Druck und Zwang – möglichst auch ohne Erwartungshaltung. Meine Tochter ärgerte sich oft sehr über Unfälle. Ist Urin oder Stuhl schneller als gedacht in die Hose gegangen, hielt sie sich ganz ruhig und weinte und man konnte klar erkennen, dass es ihr mehr als unangenehm war. Sie schien sich selbst über die Panne zu ärgern. Ein liebe- und verständnisvolles Umsorgen meiner Tochter gab ihr die Sicherheit und das Vertrauen zurück. Sie erkannte und akzeptierte, dass es auch mal zu Pannen kommen konnte. Der nächste Versuch klappte meist wieder ganz gut und sie war motiviert.

> Wir hatten mehr Pannen, als unsere Tochter etwa acht Monate alt war. Wir benötigten wieder mehrere Hosen an einem Tag und wir gelangten schließlich an einen Punkt, wo wir überlegten, ob wir mit dieser Methode so weiter praktizieren sollten. Vor allem waren wir enttäuscht, weil wir wochen- und monatelang sehr gut mit unserer Tochter kommunizieren konnten und sie über weite Strecken trocken war. So zog ich ihr eines Tages eine Windel an und dachte, dass es so vielleicht besser wäre. Nach etwa einer Stunde zog ich die Windel wieder aus, weil ich sichtlich merkte, dass wir uns beide nicht wohl fühlten. Mein Mädchen zog ständig an der Windel und empfand es wohl als unangenehm und mir tat es unendlich leid, dass ich ihr die Windel verpasste und ihr nicht die Zeit ließ, auch diese Entwicklungsphase mit ihr durchzustehen. Diese Tage waren aber sehr wichtig für uns. Wir wussten beide, dass wir auf dem richtigen Weg sind – und gerade deshalb, weil es auch mal Rückschläge gibt. Ich erinnerte mich dann wieder an die Zeit des Sauberwerdens bei meiner ersten Tochter. Obwohl sie sehr schnell trocken wurde und immer gut mitgearbeitet hat, gab es auch da eine Lernphase mit gelegentlichen Pannen.

Das bewusste und zeitgerechte Einsetzen der Schließmuskeln bedarf sowohl bei Wickelkindern als auch bei windellosen Kindern ein Lernen und Lernen ist ja bekanntlich auch mal von Rückschlägen gezeichnet. Geduld und Nachsicht helfen, die Übergangsphasen mit vermehrten Pannen besser zu meistern

Wachstums- und Entwicklungsschub
Auffallend sind vermehrte Pannen bei einem neuen Schub. Seien es Wachstumsschübe, Zahnbildung sowie das Krabbeln- oder Laufen lernen – oft verlangt diese neue Phase dem Kind viel Aufmerksamkeit ab, folgend bleibt wenig Raum für das Signalisieren. Mütter berichteten mir, dass in diesen Phasen oft gar nicht signalisiert wurde oder so, dass die Information nicht bei den Müttern ankam. Auch die intuitive Reaktion der Mütter passte in jener Zeit nicht mit den Bedürfnissen der Kinder überein. Nach einer durchlebten Phase und Anpassung an die neue Situation sind aber viele Babys wieder bereit, abgehalten zu werden. Auch die Kommunikation zwischen Mutter und Kind klappt in den meisten Fällen wieder gut. Während dieser Zeit können sie unterschiedlich reagieren. Entweder lassen Sie Ihr Kind weiter ohne Windel und akzeptieren so manche nasse Hose oder überbrücken die Intervalle mit Windeln oder Einlagen unterschiedlichster Art. Geduld und Nachsicht sind hier ganz besonders wichtig, denn auch das Kind muss sich auf die neue Situation erst einstellen. Trotzdem hilft es dem Kind, wenn auch Sie weiter kommunizieren und Ihr Kind darauf hinweisen, dass die Ausscheidungen eigentlich in den Topf oder in die Toilette gehören. So erhält Ihr Kind eine klare Botschaft und dennoch Verständnis, wenn Pannen auftreten.

Rückschläge kündigen Wachstum an
Sicherlich geben mir so manche Eltern Recht, wenn ich behaupte, dass eine Krankheit des Kindes einen Wachstums- und Entwicklungsschub mit sich bringt. Nicht selten nehmen Eltern nach pannenreichen Tagen oder Wochen einen neuen Entwicklungsschub ihres Kindes wahr – sei es in körperlicher oder geistiger Hinsicht. Diese Zeit gibt Ihnen die Möglichkeit, Ihr Kind aufs Neue zu beobachten und mit Spannung und Freude ein Weiterwachsen zu erwarten. So können Sie die Zeit, in der gelegentlich ungeplant ausgeschieden wird, nachsichtiger betrachten.

Wie verhalte ich mich bei Pannen?

Als Pannen auftraten und die Ausscheidungen in die Hose oder Einlagen gingen, erklärte ich ihnen, wohin die Ausscheidungen gehören, zeigte ich ihnen manchmal den Topf und gab auch noch einmal die Ausscheidungssignale. Sie schauten dann in den Topf und merkten dann selbst, dass es dieses Mal wohl nicht geklappt hatte. Als unsere Tochter später die Ausscheidungssignale nachsprechen konnte (mit 15 Monaten), sagte sie mir diese Laute und so wusste ich, dass sie es wohl verstanden hatte. Anschließend wusch oder badete ich sie und kleidete sie wieder an. Nie ließ ich sie in nassen oder verschmutzten Kleidungsstücken – was sich beim herkömmlichen Sauberkeitstraining nicht immer vermeiden lässt, da der Blick in die Windel verwehrt wird. Das entsprach nicht meiner Ansicht von Achtung und Wahrung der Würde. Kein Erwachsener würde länger als nötig in verschmutzten Klamotten bleiben – so wollte ich das meinen Kindern ebenfalls nicht antun.

Wie die meisten Eltern werden Sie diese Phasen mit unterschiedlicher Ausprägung und eventuell zu einer anderen Zeit erleben. Nach drei bis vier Wochen hatten wir diese Zeit überbrückt. Es kann aber durchaus länger dauern und sich selbstverständlich wiederholen, wobei Sie sich aber nicht entmutigen lassen sollten. Irgendwann wird das Kind den Kurs, den Sie vorgeben nicht mehr akzeptieren und lehnt bisher Gewohntes und Gekonntes kategorisch ab. Wie geht man damit nun um? Soll man wieder auf eine Windel umsteigen oder handelt es sich um eine temporäre Zeitspanne?

Jede Familie handelt in einem solchen Fall anders. Sie sollten eine Möglichkeit wählen, die Entspannung und Ruhe in die Familie bringt. Verständlicherweise sind Sie enttäuscht und verärgert über die Pannen oder des Nichtwollens des Kindes. Die Gefühle auf das Kind zu übertragen, bringt aber nicht die gewünschte Situation zurück.

Möglichkeiten, diese pannenreiche Zeit zu meistern

- die bisherige Abhaltetechnik neu überdenken und dem Entwicklungsstand des Kindes anpassen (Topf oder Toilette statt Abhalten)
- einen anderen Ort für den Topf wählen (mehr Ruhe, Wärme, Ungestörtheit)
- passende Kleidung wählen (Kind will sich selbst ausziehen, schafft es aber noch nicht)
- Spielzeug oder Buch in der Hand auf dem Topf
- Gemeinsames Säubern von verschmutzten Stellen, jedoch frei von Vorwürfen!
- vorübergehend Windeln oder Einlagen anziehen, um Druck aus der Situation zu nehmen – aber auch immer wieder windelfreie Intervalle anbieten, um die Gewöhnung an die Windel zu vermeiden. Auch sollte in der Zeit des Windeltragens trotzdem abgehalten bzw. das Töpfchen angeboten werden.

Rituale schaffen Sicherheit

Gerade bei Wachstumsschüben und Entwicklungsschritten sollten Sie abgesehen von kleinen Änderungen die üblichen Rituale beibehalten. Das Kind erlebt aufgrund des eigenen Wachstums viele Situationen anders – vom Sitzen zum Krabbeln, vom Krabbeln zum Laufen. Besonders in diesen Phasen sollten aber gewohnte Abhandlungen konstant weiter geführt werden, um eine vertraute und sichere Umgebung zu gestalten. Es ermöglicht dem Baby sich mit der Vertrautheit im Hintergrund weiter zu entwickeln. Setzen Sie Ihre Kinder nach Pannen auf den Topf, um ihnen liebevoll zu vermitteln, dass Ausscheidungen hierhin gehörten hätten. Kein Druck oder Zwang unterstreicht diese Handlung, sondern das Gefühl der Vertrautheit und Orientierung.

Nasse Böden – nasse Teppiche

Die Angst vieler Eltern windelfreier Babys liegt darin, die Ausscheidungen nicht rechtzeitig aufzufangen und dass sowohl die Kleidung der Babys als auch der Wohnraum mit Urin oder Kot beschmutzt werden könnte. Es wird wohl auch in Ihrer Familie passieren – sei es windelfrei oder herkömmlich – dass die Ausscheidungen mal im Bett oder auf dem Boden landen. Die Kinder müssen lernen, wie die Schließmuskeln richtig einzusetzen sind, wie sich eine volle Blase oder Darm anfühlt und dass sie sich rechtzeitig um die Entleerung bemühen müssen. Meine große Tochter spielte oft bis zur letzten Sekunde und löst sich erst sehr spät vom Spielbereich und rannte dann im allerletzten Moment auf die Toilette, um Pannen zu vermeiden. Bei windelfreien Babys verhält es sich manchmal ebenso. Wir hatten so manche Pfütze am Boden, die aber sehr schnell aufgewischt werden konnte. Der Aufwand für die Pflege und Reinigung von Böden war minimal. In den Lernphasen hatte ich etwas mehr Wäsche zu waschen, als ein normales Wickelkind benötigt, da wir mehr Hosen benötigten. Sehr schnell reduzierte sich jedoch der Mehraufwand und pendelte sich ähnlich einem Wickelkind ein.

Vor- und Nachteile der einzelnen Methoden im Überblick

Stoffwindeln

- meist biologische Stoffe, oft frei von synthetischen Komponenten
- nur Teile der Windeln werden bei Bedarf gewechselt
- geringe Müllmengen
- bessere Hautbelüftung und Hautverträglichkeit
- häufig früheres Sauberwerden
- hohe Anschaffungskosten, jedoch in Summe weniger als Einmalwindeln, da die Windeln mitwachsend sind
- große Wäscheberge, somit ähnliche Ökobilanz wie Einmalwindeln
- vermehrte Feuchtigkeit in der Windel kann trotz natürlicher Stoffe Rötungen verursachen
- Bewegungseinschränkung aufgrund mehrerer Stofflagen
- Sauberkeitstraining wird nötig

Einmalwindeln

- praktische und zuverlässige Handhabung
- langanhaltende Trockenheit
- anfangs geringeres Gewicht und Volumen aufgrund veränderter Inhaltsstoffe
- große Müllmengen, die größtenteils sehr langsam abgebaut werden (ca. 1 Tonne pro Kind)
- Verwendung chemischer Substanzen zum Erreichen der guten Saugeigenschaften
- scheinbares Trockenheitsgefühl lässt Ursache und Wirkung der Ausscheidung nicht erkennen
- Bewegungseinschränkungen aufgrund Volumenzunahme beim mehrmaligem Ausscheiden
- Sauberkeitstraining wird nötig
- Gefahr von Unfruchtbarkeit (Erwärmung des Hodens) durch Hitzestau bei Jungen (Temperatur in der Windel ist nachweislich um bis zwei Grad höher[43]
- lange Dauerkosten

---

[43] (dpa 10.03.1999)

Windelfrei

- vertiefte Kommunikation und Interaktion baut intensive Bindung auf
- langfristig weniger Windelwäsche oder Windelberge
- Sauberkeitstraining entfällt
- keine Hautirritationen oder Allergien durch Windelprodukte
- geringe Kosten für Grundausstattung
(wegfallende Wickelkommode, ein paar Einlagen, Trainingshöschen) und keine laufenden Kosten
- große Unabhängigkeit bei Reisen und Ausflügen
(Planung über regelmäßige Wickelgelegenheiten und ausreichend Windeln entfallen)
- anfangs mehr Zeitaufwand
- anfangs mehr Wäsche wegen Pannen
- zu Beginn eventuell mehr Windeln oder Einlagen, da meist häufiger gewechselt wird

DANKSAGUNG

Ganz besonders möchte ich mich bei allen Müttern und Vätern bedanken,
die den Mut aufbringen, sich von altbewährten Vorgehensweisen zu trennen
und die Windelfreiheit ausprobieren und umsetzen.

Im Speziellen bedanke ich mich bei meiner Schwester,
die mich fachlich-inhaltlich unterstützte.

Weitere Beiträge erhielt ich von Bora Berlinger und Kristina Schwarz,
denen ich ebenso sehr dankbar bin.

Ganz besonders bedanken möchte ich mich auch bei meiner Familie,
die den Versuch „Windelfrei" mit mir erfolgreich angenommen und umgesetzt hat.

Weiteren Dank an alle Mütter, die mir ihre Bilder zur Verfügung gestellt haben.

Nur durch die Hilfe aller konnte dieses Buch in der Form entstehen.

WEITERE INFORMATIONEN

www.gluecklichebabys.de
Doris Boser, Autorin

www.mokoshop.eu
Barbora Berlinger: ausgefeilte Kleidung und passende Hilfsmittel für windelfreie Babys

www.abhala.de
ebshop Kristina Schwarz – Der Abhalteladen, spezielle Kleidung und Hilfsmittel für windelfreie Babys, Babykleidung aus Naturfasern, Stoffwindelsysteme und mehr

www.blumenkinder.eu
Versandhandel: Stoffwindeln, Windelfrei-Backups, Windelsysteme für die Lernphase, Töpfchen, Literatur

www.babyglueck.ch
Nadine Wenger, Autorin von: „Natürliche Wege zum Babyglück, in Liebe geboren, ins Leben getragen, geborgen auf Erden"

www. juliadibbern.de
Ausbildung zum Windelfrei-Coach für Eltern, die ihr Wissen für sich nutzen oder auch gerne an andere weitergeben wollen; Autorin von „Geborgene Babys"

LITERATURVERZEICHNIS

Ainsworth, Mary D. S.: "Patterns of attachment - A psychological study of the strange situation", Hillsdale, New York, Lawrence Erlbaum Associates. American Academy of Pediatrics – dedicated to the health of all children, Illinois, 1978

Bach, Axel; Rams, Sebastian: "Wie funktioniert eine Babywindel? – Der große Wasserspeicher am Po", erschienen unter: http://www.wdr.de/tv/kopfball/sendungsbeitraege/2009/1025/windel.jsp; zuletzt aufgerufen am 21.10.2013

Bauer, Ingrid: „Es geht auch ohne Windeln! Der sanfte Weg zur natürlichen Babypflege", 4. Auflage, Kösel Verlag, München, 2008

Bennett, Howard J.: "Waking Up Dry – A Guide to help children overcome bedwetting". Erschienen in American Academy of Pediatrics; 1. Auflage, 1. Juli 2005

Boucke, Laurie: „Topffit! Der natürliche Weg mit oder ohne Windeln", 2. und 3. Auflage, Anahit Verlag, 2008 und 2010

Brauburger, Birgit: „Family Guide, Massagen für ihr Baby – wohltuende und sanfte Berührungen", Compact Via im Compact Verlag GmbH München, 2010

Choby, George S.: „Toilet training": Am Fam Physician, 1. November 2008; 78(9): 1059-64

Cole, Whitney G.; Lingman, Jesse M.; Adolph Karen E.: "Go Naked: Diapers Affect Infant Walking"; erschienen in "Developmental Science" Volume 15, Issue 6, Seiten: 783–790, November 2012

deVries, Marten W., deVries M. Rachel: „Cultural Relativity of Toilet Training Readiness: A Perspective From East Africa", erschienen in "Pediatrics" Vol. 60 Nummer 2, 1. August 1977, Seiten 170-177

Eggers, Christian: „Beziehungsfähigkeit als Voraussetzung für Friedensfähigkeit von Kindern und Jugendlichen", in „Kinder brauchen Wurzeln – Neue Perspektiven für eine gelingende Entwicklung", 6. Auflage, Patmos Verlag der Schwabenverlag AG, Ostfildern, 2011

Gebauer, Karl; Hüther, Gerald: „Kinder brauchen Wurzeln – Neue Perspektiven für eine gelingende Entwicklung", 6. Auflage, Patmos Verlag der Schwabenverlag AG, Ostfildern; 2011

Gersh, Marvin J.: „Early Toilet Training", erschienen im „Pediatrics" Vol. 61 Nummer 4, 1. April 1978, Seite 674

Gericke, Wiebke: „Baby Signal – mit den Händen sprechen; spielerisch kommunizieren mit den Kleinsten", 2. Auflage, Kösel-Verlag, 2009

Goodrich, Janet: „Natürlich besser sehen", VAK Verlags GmbH, Kirchzarten bei Freiburg, 2006

Grossmann, K. u. a.: "Maternal sensitivity and newborns' orientation responses as related to quality of attachment in northern Germany"; Breterton und Waters (Hrsg).Growing points in attachment theory and research. Chicago, University of Chicago Press. S. 233-256, 1985

Haug-Schnabel, Gabriele; Bensel, Joachim: „Grundlagen der Entwicklungspsychologie – die ersten 10 Lebensjahre", Verlag Herder, Freiburg, 2005

Fontanel, Béatrice ; Harcourt, Glaire de: Babys in den Kulturen der Welt, Gerstenberg Verlag, 2009

Gericke, Wiebke: babySignal - Mit den Händen sprechen: Spielerisch kommunizieren mit den Kleinsten, Kösel Verlag, 2009

Gilomen, Esther: "Geschichte der Windel und des Wickelns", http://www.g-i-o.ch/html/windel_geschichte/windel_geschichte.htm#Link14, zuletzt verwendet am 24.09.2013

Initiative Trockene Nacht e.V: Kloft, Katharina; http://www.initiative-trockene-nacht.de, verwendet bis 24.10.2013

Klassen TP, Kiddoo D, Lang ME, Friesen C, Russell K, Spooner C, Vandermeer B.: "The effectiveness of different methods of toilet training for bowel and bladder control." Erschienen in: Agency for Healthcare Research and QualityU.S. Department of Health and Human Services, Rockville, Contract No. 290-02-0023

Kirkilionis, Dr. Evelin: „Ein Baby will getragen sein", Kösel Verlag, München, 1999

Kunz-Schaffner, Elissa: „Das Familienbett - Kann das Familienbett von Hebammen und anderen Fachpersonen empfohlen werden?", Berner Fachhochschule, Fachbereich Gesundheit, Artikel erschienen beim Studiengang Hebamme HF, Oberwil, 2010

Leach, Penelope: "Babyzeit – fürs erste Jahr"; Dorling Kindersley Verlag, London, 2010

Leach, Penelope: „Die ersten Jahre deines Kindes", Deutscher Taschenbuch Verlag, München, 2001

Lindmayer, Lini: „Windelfrei? So geht's!", Leipzig, Tologo Verlag, 2008

Maslow, A. H.: „Motivation and Personality", Harper, New York, 1954

Merz, Christine; Schmidt Hartmut W.: „Lernschritte ins Leben. Entwicklungspsychologische Stationen in Bildern", 2. Auflage, Herder Verlag Freiburg im Breisgau, 2008

Meihöfer, Stefanie Dipl. Ing.: www.naturwindeln.de, 1998-2012, zuletzt aufgerufen am: 19.10.2013

Morris Desmond: Das Wunder der ersten Lebensjahre. Dorling Kindersley Verlag GmbH, München, 2008

Murray, Lynne; Andrews, Liz: „Das kommunikative Baby – In Kontakt vom ersten Augenblick", 1. Auflage, Beust Verlag, 2002

Mead, Margaret: „Coming of Age in Samoa. A Psychological Study of Primitive Youth for Western Civilisation", erschienen 1928; Nachdruck erschienen: Harper Perennial, 2001

Neumann, Ursula: „Wenn die Kinder klein sind, gib ihnen Wurzeln, wenn sie groß sind, gib ihnen Flügel", 4. Auflage, Kösel Verlag, 1997

Partsch, Carl-Joachim; Aukamp, M.; Sippell, Wolfgang G.: "Scrotal temperature is increased in disposable plastic lined nappies", Auszüge erschienen bei der dpa unter „Moderne Windeln heizen ein", 10.03.1999, veröffentlicht in der „Ärzte Zeitung" am 28.9.2000, archiviert bei: Arch Dis Child 2000;83:364-368 doi:10.1136/adc.83.4.364

Pikler Emmi: „Friedliche Babys – friedliche Mütter", Pädagogische Ratschläge einer Kinderärztin. 10. Auflage. Herder Spektrum Verlag, 1982

Ravindranathan S.: „On toilet training". Erschienen in "Pediatrics", April 1978; 61(4):

Rehbock, Theda: „Fürsorge: verstaubter Begriff oder zeitgemäßes Prinzip?" in: Arbeitsgruppe „Pflege und Ethik" (Hg.), Ethik-Theorie im Pflegeunterricht, S.15-24, Göttingen, 2002,

Roch, Erika: „Warum es gut ist, ein Baby zu tragen", Verlag Erika Roch. 3. Auflage, 2002

Schiefenhövel, Wulf, Prof. Dr.: „Menschenbilder in der Medizin – Medizin in den Menschenbildern", Artikel: „Der Mensch – Mängelwesen oder optimiertes Produkt der Evolution", Kleine Verlag, Bielefeld, S. 46-62, 1999

Uhlemayr, Ursula: „Wickel & Co. Bärenstarke Hausmittel", 13. Auflage, Urs Verlag, 2011

Wehner, Jürgen: www.medizinfo.de und http://www.medizinfo.de/gastro/anatomie/enddarm.shtml; zuletzt aufgerufen am 16. August , Flensburg 2013

Brück, Mario: „Babywindeln - Mit Simply Dry knöpft sich Pampers Billigkonkurrenten vor" WirtschaftsWoche Online von Handelsblatt GmbH, in www.wiwo.de, Düsseldorf, Artikel erschienen am 01.12.2009

Wild, Rebeca: „Freiheit und Grenzen – Liebe und Respekt. Was Kinder von uns brauchen". 2. Auflage, Mit Kindern wachsen Verlag, 1998

Winterhoff, Michael: „Lasst Kinder wieder Kinder sein! Oder: Die Rückkehr zur Intuition", Gütersloher Verlagshaus, 2011

Wurdack, Ilse: „Superabsorber", Fachinformationszentrum Chemie GmbH, http://www.chemgapedia.de/vsengine/vlu/vsc/de/ch/9/mac/funktionspolymere/superabsorber/superabsorber.vlu.html; zuletzt verwendet am: 21.10.2013

Zimmer, Katharina: „Erste Gefühle - Wie Eltern und Baby einander kennen und lieben lernen", Wilhelm Goldmann Verlag, München, 1998

AUTOREN-PORTRAIT

Doris Boser, Jahrgang 1982, absolvierte mit 17 Jahren ein dreimonatiges Praktikum in einem indischen Krankenhaus und erlernte danach in Deutschland den Beruf der examinierten Gesundheits- und Krankenpflegerin. Sie arbeitete einige Jahre als Krankenschwester und bildete sich zur Casemanagerin weiter. Außerdem absolvierte sie eine zweijährige Weiterbildung zur Pflegediagnostikerin.
Frau Boser ist verheiratet und hat drei Kinder, wobei die letzten beiden windelfrei aufwuchsen. Durch ihre persönlichen Erfahrungen in der Krankenpflege, als auch als Mutter, waren sehr hilfreich, um die Vor- und Nachteile der windelfreien Babyversorgung praxisnah und authentisch im Buch darzustellen.
Sie hält diverse Fachvorträge zum Thema „Natürliche Babypflege" und lebt nun mit ihrer Familie in der Nähe von Augsburg.